医患沟通学课程思政教学指南

名誉主编　张　勤　张抒扬
主　　编　魏　镜　曹锦亚
副 主 编　史丽丽　李　涛

中国协和医科大学出版社
北　京

图书在版编目（CIP）数据

医患沟通学课程思政教学指南 / 魏镜，曹锦亚主编. -- 北京：中国协和医科大学出版社，2024. 10. -- ISBN 978-7-5679-2440-6

Ⅰ. G641

中国国家版本馆CIP数据核字第2024US2739号

主　　编　魏　镜　曹锦亚
策划编辑　张　凌
责任编辑　孙雪娇　卜蝴蝶
封面设计　邱晓俐
责任校对　张　麓
责任印制　黄艳霞
出版发行　**中国协和医科大学出版社**
（北京市东城区东单三条9号　邮编100730　电话010-65260431）
网　　址　www.pumcp.com
印　　刷　北京捷迅佳彩印刷有限公司
开　　本　889mm×1194mm　1/32
印　　张　3.25
字　　数　80千字
版　　次　2024年10月第1版
印　　次　2024年10月第1次印刷
定　　价　65.00元

编者名单

名誉主编　张　勤　张抒扬

主　　编　魏　镜　曹锦亚

副 主 编　史丽丽　李　涛

编　　者　（按姓氏笔画排序）

史丽丽　李　涛　张　勤

张抒扬　赵晓晖　胡娇娇

段艳平　姜忆南　洪　霞

曹锦亚　魏　镜

前　言

在医学生的医患沟通教学中融入思政教育，在潜移默化中影响医学生的世界观、人生观、价值观，有助于其形成“以人民为中心”“以患者为中心”的行医理念，转变医学院校“重专业、轻人文”的教学理念。

本书以习近平新时代中国特色社会主义思想为引领，根据中共中央宣传部、教育部的具体要求，总结现有经验，对国内外研究成果进行深入梳理和总结，结合各项法律法规、条例对医师执业的要求，提炼重要的思政教育核心元素，在此基础上结合教学实践进而分析、总结如何在医患沟通学课程中融入思想政治教育，培养学生的人文医学观念、职业素养和职业技能。我们总结提炼的医患沟通学涉及的重要思政要素包括：生命至上原则、医者的仁爱之心、“以患者为中心”的理念、医德医风、科学精神、人文关怀、伦理精神、团队精神及文化自信等。期待医患沟通学课程应至少具备以下几方面功能：树立职业化医患关系的核心理念——“以患者为中心”；提升医学生的人文素养，医学伦理、共情能力；掌握职业化医患沟通核心技能。

具体内容方面，本书概述了医患沟通学的基本内涵、人文要求及其对医疗的作用，提出了医患沟通学课程的教学目标、教学策略，按具体医患沟通临床情景进行了教学单元设计，对各个单元中侧重的思政教学元素均有总结和示例，最后还介绍了对课程的前期策划和评估。

我们希望本书的出版既有助于进一步强化教师和教学管理者在高校开展思政教育的使命感和担当意识，也有助于进一步交流和推广医患沟通学的策略、方法和技术，从而培养既有理想信念又有良好沟通技能的新一代临床工作者，最终造福患者，更好地为人民服务。

编　者

2024年9月

目 录

导 论

2019年3月18日，习近平总书记在学校思想政治理论课教师座谈会上发表了重要讲话，习近平总书记运用马克思主义立场观点方法，胸怀两个大局，贯通历史、现实和未来，对办好思想政治理论课科学把脉，提出做到“两个解决好”，即解决好“信心问题”和“培养什么人、怎样培养人、为谁培养人”的问题。其中围绕新时代“培养什么人、怎样培养人、为谁培养人”这一根本问题，深刻回答了事关思政课建设的四个重要问题，即：办好思想政治理论课意义重大；办好思想政治理论课关键在教师，关键在发挥教师的积极性、主动性、创造性；推动思想政治理论课改革创新，不断增强思政课的思想性、理论性和亲和力、针对性；加强党对思想政治理论课建设的领导。具有鲜明的现实性、针对性、引领性。

2020年12月，中共中央宣传部和教育部联合发布了《新时代学校思想政治理论课改革创新实施方案》，进一步明确了各级各类学校开展思想政治教育的指导方针和具体要求。其中，新时代学校思想政治理论课改革创新的基本要求包括：一是把握新时代。坚持用习近平新时代中国特色社会主义思想铸魂育人，加强“四个自信”教育，将学习贯彻习近平新时代中国特色社会主义思想体现在大中小学各学段的课程目标、课程设置和课程教材内容中，实现全覆盖、贯穿全过程。二是推进一体化。建立纵向各学段层层递进、横向各课程密切配合、必修课选修课相互协调的课程教材体系，实现课程目标、课程设置、课程教材内容的有效贯通。三是突出创新性。完善课程教材建设机制，优化教材内容，创新教学方法，推动思政课在改进中加强、在创新中提高。四是增强针对性。遵循思想政治工作规律、教书育人规律、学生成长规律，编写适用不同类型高校的教材，进一步增强思政课的思想性、理论性和亲和力、针对性。五是注重统筹性。总体推进，分类指导，分步实施，积极稳妥地做好各项工作。其中，大学阶段重在增强学生的使命担当，重点引导学生系统掌握马克思主义基本原理和马克思主义中国化理论成果，了解党史、新中国史、改革开放史、社会主义发展史，认识世情、国情、党情，深刻领会习近平新时代中国特色社会主义思想，培养运用马克思主义立场观点方法分析和解决问题的能力；自觉践行社会主义核心价值观，尊重和维护宪法法律权威，识大局、尊法治、修美德；矢志不渝听党话跟党走，争做社会主义合格建设者和可靠接班人。

医学既是一门自然科学，也是一门人文科学。但目前仍以崇尚自然科学为主，其哲学背景是自然主义、还原论，即将人体还原为系统、器官、组织直至基因，各种生化机制，各种光、声、电等。自然科学是医学成功的必需因素，但医学不只是自然科学，更是以人为中心、为人服务的人文科学，必须考虑人的感受、价值取向等人文因素。医生要在诊疗过程中把患者作为一个整体的社会人对待，从生物学、心理学、社会学、伦理学的角度综合考察和审视患者的健康状况，完成从传统的“以疾病为中心”到“以患者为中心”的转变。“以患者为中心”意味着打破“只见疾病、不见病人”的技术至上主义，强调以全人的角度了解患者、理解患者及其所患疾病，从而更有人情味、更富人文关怀地与患者建立关系，完成诊疗，这也是提高患者就诊满意度、幸福感、获得感的基本要求。

医患沟通是一种特殊的人际沟通，特指在医疗卫生和保健工作中，医患双方围绕伤病、诊疗、健康及相关因素等主题，通过全方位、多途径的交流，科学指引诊疗患者伤病，使医患双方形成共识并建立信任合作关系，达到维护人类健康、促进医学发展和社会进步的目的。临床医患沟通在几乎所有的临床过程中都发挥着重要作用，是实现“以患者为中心”的必由之路。根据国际医学教育专门委员会制定的医学教育全球最基本要求，沟通技能是医学院校培养合格人才的核心任务之一。2008年9月教育部、卫生部印发的《本科医学教育标准-临床医学专业(试行)》明确指出本科临床医学专业毕业生应达到以下基本要求:“在思想道德与职业素质目标上应具有与患者及其家属进行交流的意识,使他们充分参与和配合治疗计划。”

作为全国范围内率先在医学院校开展临床医患沟通课程培训的机构,北京协和医学院开展创新性的临床医患沟通课程培训已有十余年,教学对象包括临床医学本科生、临床医学研究生、住院医师、临床各科医生等,在教学过程中不断摸索教学方法,逐渐形成了理论结合实践、重视学生沟通技能培训的完整教学课程体系,在教学过程中始终贯穿“以患者为中心”的理念和沟通方法。以各个任务模块逐步教授临床沟通技能;在课程设计和实施中始终坚持“以学生为中心”,及时给予个体反馈和教学;坚持全体参与技能演练,通过角色体验更好地理解患者的情绪、需求,提高共情能力;将各种心理学原理、沟通技能应用到具体案例中;通过学生的实际课堂表现结合情景剧考试等多种方法对学生进行综合考核。以体验式为主的教学方式使学生更加深刻理解一个个患者作为独立的、完整的人的基本需求(被爱、被尊重、自主性等)及内心冲突,更加深刻地共情人在患病后的各种负面情绪(委屈、无助、受挫、愤怒、羞耻等),进而能够更自觉地应用“以患者为中心”的沟通方式与患者建立医患关系,实质性地影响患者的治疗决策、治疗依从性、健康行为,改善健康结局。通过教学培训,医学生和住院医师均能够对医患沟通的各环节更有信心,并且增强了“以患者为中心”的态度。在对本校毕业生的随访调查中,临床医患沟通课程被学生一致认为对临床工作具有重要作用。

第一章

思想政治教育引领下的医患沟通学课程

第一节　医患关系的两个属性

在任何时代和情况下，医学都包括认识和实践两个方面，因而医学模式也包括医学认知模型（medical model）和医学行为模式（medical pattern）。前者是指一定历史时期人们对医学自身的认识，即医学认识论；后者是指一定历史时期人们的医药实践活动的行为范式，即医学方法论。两者之间高度相关。

迄今，存在过三种典型的医学模式：古代朴素的整体医学模式、近代生物医学模式和现代生物-心理-社会医学模式。

在古代朴素的整体医学模式下，医生治疗、自然治愈、和谐被看作是健康的前提。疾病出现于自然状况的不和谐（例如，冒犯了人格化的自然——“神”、没有顺应某个自然规律、某种体液或素质的失调）。医生帮助患者恢复、调节自然状况的平衡（例如，通过祝祷、帮助患者顺天应人、调节患者的体液或素质平衡）从而恢复健康。在这样的模式下，医生倾听患者的叙述和了解患者的整体生活对于了解“失调”十分重要，医生又引领患者共同面对更大的敬畏，如自然。

近代生物医学模式始于西方。自中世纪起，生物、解剖和化学等知识越来越多地进入医学，解剖使得脏器变得可视，显微镜的使用使得病原体变得可视，X射线的发现使得活体的关节变得可视，直至当前的分子生物学的发展使得某个基因的缺陷变得可视。人越来越成为“机器模型”，疾病被看作“机器故障”，医生成了技术人员，患者成为待修复的躯体，通过药物和手术可以修复“故障”。患者自述和生活史不再是诊断与解释疾病发生原因的重要依据，医生完全掌握了医疗的话语权和处置权。生物医学暗含着机械论、还原论，在认识论上是有局限的。人们在认识了这一点之后，才提出了现代生物－心理－社会医学模式。

现代生物－心理－社会医学模式将疾病看作是生物学因素（遗传、生物化学等）、心理因素（情绪、人格、行为等）和社会因素（文化、家庭、社会经济、医疗体系等）复杂综合作用的结果。要理解疾病的决定因素并达成理性的治疗和护理模式，必须充分考虑患者个人、其所处社会环境以及社会所涉及的应对疾病破坏作用的互补性系统——即医生角色和医疗系统。医生对患者个人的关注又回到了医学活动的重心，不仅体现在对患者的人性关怀，也体现在对患者整体的临床诊治的全面性。

上述认知模式对应的是医学的科学属性，实践模式则对应的是医学的人文属性。

一方面，医学作为一门自然科学，需要基于自然科学原理对疾病做出还原论角度的理解，并应用自然科学技术对疾病做出治疗。从X射线的发现可以令人直接观察人体内部结构到CT、三维重建，再到磁共振成像（MRI）；从麻醉药的发明使得手术成为非痛苦过程到心脏移植、体外循环、人工膜肺再到微创手术、手术机器人；从抗生素的发现、合成到各种化学药物治疗再到现今正在探索发展的基因治疗；从人工关节到3D打印技术，等等，自然科学的进步令人惊叹、振奋。

另一方面，医学是为人服务的一门学科，人的需要是其核心价值。人的生老病死不仅是一个自然现象，还是人最重要的哲学主题，必然激发最深刻的情感，在这个过程中必须有相应的人文关注和照护。医学必须是有温度的，不能只是药片、注射器、手术刀和各种仪器，比起缺乏人情味、公事公办、仪表不洁的医生来说，那些善解人意、举止自信亲和、愿意提供深入浅出的医疗信息的医生会与患者建立更亲密的医患关系，为患者带来更好的治疗结局。

医学的科学属性和人文属性同等重要。从医者应该清楚地认识到这一点。只重科学属性的知识技术培养，可能培养的是“冷冰冰”的医术行使者；如果只重视人文属性的沟通技能培养而忽视了医术的培养，则可能培养的是“庸医”。

医患关系和医患沟通的教学中也要始终贯穿医生角色的思政内涵，应启发学生理解医生的职业内涵是为患者服务，为人民服务。在每一个案例和沟通中，既要体现医者的人道主义精神，又要发扬社会主义新时代医务工作者无私奉献、大爱无疆的情怀。医患沟通学教学要从人的角度、通过语言和非语言信息打动学生，实现润物细无声的教学实效。

第二节　医患互动的主体间性

主体间性（intersubjectivity）是指主体之间互动的社会属性。医患关系属于社会领域的一种特定的主体之间的互动关系，因而，它具有明显的主体间性。患者作为疾病主体去求医，医生作为医疗主体进行医治，他们在这种互为对方需要的基础上建立起了联系。

医患行为关系的主体间性需要双方均承认对方是具有独立意识和自主活动的人，双方就必须互相尊重。医生要尊重患者的各种生活和社会需求，尊重患者的知情权、隐私权以及监督医疗、提出要求和建议并获得答复和回应的权利。患者同样应该尊重医生的人格、付出、利他、工作专业性，并尊重医生的生活和社会需求。正如宋代寇宗奭在《本草衍义》中指出的：“医者不可不慈仁，不慈仁则招非。病者不可猜鄙，猜鄙则招祸。”

同时，医生和患者均有其自身的心理和规则系统及除了医疗活动之外的需求。参照心理学家马斯洛的需要层次理论，医生这个群体中的很多人是将高层次需求置于低层次需求之前的，他们践行着自己的职业和人生诺言，追求着造福人民健康的职业和人生价值。正因如此，他们才能在与医学知识和技能相对弱势的患者的互动中，实现需求层次上的让利和互补。试想，如果一个本身就经济拮据或因患病而使安全需求受到威胁的患者，面对将自身经济和安全需求放在自我实现需求之上的医生，那两者之间将存在很大的矛盾隐患。因而，首先应尊重和支持医生作为一个普通人同样有满足上述各层次需要的权利，但在必要时，如果医疗行为中相对强势的医生和相对弱势的患者在某些基本需求上出现了冲突，提倡医生应选择首先让步。

医疗过程是一个动态的发展过程，医患双方的互动贯穿于这一过程的始终。医患行为关系的动态发展过程是主体间性在信息交流、行为互动不断深化的过程，也是对疾病诊治不断调整和深化的过程。对这一动态过程处理得好，医患行为关系就能得到良性的运转。反之，就会出现某些不必要的障碍，甚至会造成医患之间的嫌隙甚至纠纷。

在医患沟通的教学中，主体间性的学习最重要的体现是：患者和医生不再是第三人称的“他”和“他”，而是一个第一人称的“我”和另一个第一人称的“我”。教学过程是帮助医学生充分了解作为医生的“我”和作为患者的“我”，了解实践中双方具体切实的需求。理解这种主体间性的全貌，才能在面对复杂的医患关系或冲突时按照自己的医学知识、伦理选择、法律法规等努力清晰、审慎地做出决定。

张孝骞教授曾说过极具教育意义的话：“病人以性命相托，我们怎能不诚惶诚恐，如临深渊，如履薄冰。”他还强调：“在患者面前，我们永远是个小学生。”他晚年在文章中写道：“我看了一辈子病，我总觉得，一个医生不管他的本领多么高，他对病人病情的了解，是无限度的，是无止境的。”

第三节　医患沟通之人文要求

医学不同于其他任何学科，卫生行业不同于其他任何行业，健康所系，性命相托，责任无比重大，对为医者的医术和医德都提出了极高的要求。

从医德来看，其外显就是如何对待患者、如何与患者打交道，即医患沟通。在儒家看来，“医乃仁术”，而“仁也者，人也。”医务工作者要做到以人为本，即表现为对人的尊严、价值、命运的维护、追求和关切，关注人的需求。“以患者为中心”呼应着医学的人文属性，要求行医者真正成长为有技术、有温度的职业化形象，并能站稳人民立场走好群众路线，真正实现医学为人民服务，增进民生福祉，促进社会和谐。

从字形来看，“仁”为“二人”。医患之间正是两个真诚的、完整的人的互动，也许就是“仁”的核心要义。

在医疗实践活动中，坐在医生对面的不仅是患者，甚至不只是承受疾病痛苦的一个人，还更是一个完整的“全人”。他或她有自己的心理或生活需求、社会关系和社会地位，对疾病和医生也有自己的看法和期待。作为医疗主体，医生也是一个完整的人，有自己的需求和价值取向，并且不局限于医生这一角色，而是将自己看作完全的人，完整地、全身心地投入于医患关系的动态互动，与患者同呼吸、共命运。这也是人文医学的应有之义。

医生充分表达自己作为个体的感受，与患者建立真诚的关系，就能自发真诚地在工作中以患者为中心，想患者之所想，急患者之所急，整体、系统地认识患者及其所患疾病，尽医学之最大可能帮助患者消除疾病、减轻痛苦，这就是“仁”，就是“以患者为中心”，这也正契合习近平新时代中国特色社会主义思想中的坚持人民至上，即以人民为中心。对于医生来说，患者就是最具象的“人民”。在现有技术和资源允许的前提下，尽可能地满足患者的期待、实现患者的愿望就是对习近平新时代中国特色社会主义思想的世界观和方法论的最好践行。

在医患沟通的课程思政教学中，仁心和仁术天然体现在沟通的言语、态度、立场、方法中，通过沟通体现对患者的尊重和爱护。在教学中，可以用医学大家的生动事例作为榜样，鼓励受众向前辈学习。

例如，每当人们提及“万婴之母”林巧稚教授总会觉得她身上有种神奇的魔力，不论病人多么惊慌失措，只要她一现身，她们就能平静下来。这种魔力体现在她的一言一语、举手投足之间。作为专家，她会把耳朵贴在病人的肚皮上，摸摸病人的头，掖掖病人的被角，擦擦她们额头上的汗，拉拉她们的手。她出门诊从不会三言两语打发病人。“医生给人看病不是修理机器，医生面对的是活生生的人。”她常对下级医生说，“她们各自的生活背景、思想感情、致病原因各不相同，我们不能凭经验或检验报告就下诊断开处方。”

第四节　医患沟通对医疗的作用

医患沟通作为贯穿整个医疗过程的重要环节，是连接医患双方的桥梁，更是决定医疗活动能否正常进行、医疗目的能否实现的重要因素。良好的沟通技能已成为医务人员必备的临床技能之一。

良好的医患沟通是医患关系的润滑剂，是联系医患双方的纽带。一般来说，良好的医患沟通对医疗的作用体现为几方面：①可取得医患之间的互相理解。②可促进医患之间的密切合作。③可取得医患之间的相互谅解。④可体现出医生对患者的尊重，有利于患者增强战胜病魔的信心。可以说，医患沟通是医疗服务的重要组成部分，是有“治疗作用”的人与人的关系。

当前，我国的社会主要矛盾已经转化为人民日益增长的美好生活需要和不平衡不充分的发展之间的矛盾。党的二十大报告提出：“推进健康中国建设”，把保障人民健康放在优先发展的战略位置。没有全民健康，就没有全面小康。把人民健康放在优先发展的战略地位，加快推进健康中国建设，努力全方位、全周期保障人民健康，为实现第二个百年奋斗目标、实现中华民族伟大复兴打下坚实基础。

医务工作者是推进健康中国的践行者和建设者，医疗服务和人民的健康息息相关，最贴近民生福祉，最能体现人文关怀和社会主义核心价值观。从广泛意义来说，良好的医患沟通是习近平新时代中国特色社会主义思想、社会主义核心价值观、中华传统美德、公序良俗、医学伦理、医学心理学、法律法规等的集中体现，是确保医疗活动顺畅开展的重要环节，是提高患者就医满足感、获得感和改善医疗服务质量的重要途径。

在医患沟通的课程思政教学中，沟通对医疗的作用应具体体现在每一个沟通的案例中，每一次模拟的实践中。例如，教师可以设问引导医学生进行思考“当你作为患者听到医生这么说的时候，感受是什么？”“你能信任这个医生并接受他的建议吗？他的哪些表现让你能够信任？”由此患者的切身体会、内心情感和言行表现将把沟通的作用直接展现在学生面前。

第二章

医患沟通学课程思政教学目标

第一节　医德和行为规范教育

一、教学目标

医德教育是医患沟通学课程概论中的重要内容。教学目标在于加强医德医风教育，着力培养医学生“敬佑生命、救死扶伤、甘于奉献、大爱无疆”的医者精神。

二、重要思政元素

医德医风和行业行为规范的内容蕴含思想政治教育，这是为人民服务精神在医学职业中的延伸。医患沟通学蕴含的重要思政元素包括但不限于以下内容。

（一）敬佑生命、救死扶伤的精神

医学的根本目标就是治病救人，这是行业基本准则，是每一个行医者的初心使命，因而需要在医患沟通的思政教育中反复强调，使其融于医者的一言一行。

（二）依法执业行为准则

医学实践本身包含着医患双方的法律关系，依法行医是医疗行为的底线。临床实践中，医疗资质、信息保护、医疗决策等都有法律约束和保护。在医患沟通教学中，同样需要树立法律意识、底线意识、安全意识和责任意识。

（三）健康中国理念

全面推进健康中国建设是人民幸福健康生活的内在保证。维护个体和群体的健康是医务工作者的职责，为达到这个目的，需要对患者进行健康教育，使其理解和掌握疾病预防、早期发现、及时就医、合理用药，增强自我主动健康意识，不断提高健康管理能力。

三、教学策略与评价

在医疗活动中医患沟通贯穿始终，包括建立关系、采集病史、解释病情、协商治疗方案、促进患者对疾病行为的改变、应对医患冲突、告知坏消息等。医德规范应体现在医患沟通学各教学内容模块中，并有机融入到每个临床沟通案例。

在医学沟通课的教学中医德规范并非通过说教的方式灌输给学生，而是通过具体的案例、情境与角色体验寓教于心。寓教于心就是通过对医学生共情能力的培养，使医学生能够对患者所承受的痛苦及其对医者的期待感同身受，在情感共鸣的基础上触动医学生如果对痛苦的理解、对生命的敬畏，从而激发医学生产生使用所学知识与技能缓解、医治患者痛苦的自觉和使命感。

通过对医学生信念的培养，使其反哺于沟通技能的教学。帮助医学生掌握“以患者为中心”的沟通技能，学会将仁爱与尊重通过合理的沟通技能传递给患者，从而建立和实现和谐沟通和相互尊重的医患关系。通过反复的磨炼和体验，帮助医学生将“以患者为中心”的理念和理论认知落实到行动，使得知、信、行合一。

在医患沟通教学中要避免单纯强调沟通技巧，更不应该以避免医患纠纷为目的，过度强调在沟通中进行自我防御。例如，在建立医患关系和采集病史的沟通中，医生应通过适当的言语和非言语方式体现对患者的尊重和一视同仁，通过端庄的举止、文明的语言和和蔼的态度，积极展现医生对于患者的同情、关心和体贴。在解释病情和协商治疗的沟通中，除了尊重和仁爱的基本素养以外，还需通过精湛的医术、严谨的态度为患者清晰地解释医学问题，提供合理治疗方案，通过协商达成一致。在应对医患冲突的情形中，更需要秉持救死扶伤的人道主义精神进行应对与处理。在告知坏消息时，也不能忘记保护患者的隐私和秘密。

在医患沟通教学案例中也会涉及法律问题。法律能加强对患者的保护，约束医疗家长制的作风，我们倡导的“以患者为中心”的核心理念与此是一致的。但法律约束可能出现医生为了保护自己不陷入法律纠纷而过度检查排除隐患或者回避困难案例，但这样的“过度保护”实际上并不能真正起“保护”作用，反而可能使自身陷于不当医疗风险。对此，我们必须有清醒和清晰的认识：在医患沟通中需要注意法律的要求和约束，并将法律意识和底线意识融入医患沟通的案例中。

四、教学设计实例

（一）课程教学的思政要点

加强救死扶伤与健康中国理念的宣传教育。

（二）教学重点与难点

单纯的思想政治教育容易停留在概念层面，其内容医学生已经知晓，重点是实现“入心”，即从心底触动情感，升华心灵。

（三）教学内容与方法

使用医学巨擘的生动实例加强医学责任和健康中国理念的宣传教育。例如，借助张孝骞在医学生心目中的崇高地位，触动学生的情感，引用张孝骞在《公共卫生设施之程序》中指出的："医者，外治肌骨，内驯五脏，祛疾患，消病痛，以精专之术救死扶伤，此为妙手仁心。医者，上循天道，下探良方，扬善义，慰人情，以公共立场济世安民，此为杏林之侠。世有良医，天下之福，幸甚至哉，幸甚至哉！"使学生树立济世安民的个人责任感和行业责任感。

张孝骞是医学生心目中的泰山北斗，关于他的故事百听不厌。张孝骞就读于湖南湘雅医学专门学校，发表这篇文章时年仅22岁。这样的身份背景可以唤起医学生内心的认同感，加之优美的行文、深刻的健康服务意识也更能打动年轻一辈，使教学内容更易入耳入心。

（四）教学成效与反思

通过实例教学，课堂上医学生明显投入了更多兴趣，引发了深刻反思，甚至当场拍照传于个人空间。此时学生的情感被激活了，护佑人民健康和济世胸怀通过故事和名人名言深入到学生的内心。

榜样的力量是无穷的，心理学上的认同并不是一句"赞成或同意"，情感和行为的认同在医学思政教育中具有不可忽视的作用。无论是医学大家的点滴言行故事，还是历史上经典的名人名言，在医学教学的思政建设中都可以起到画龙点睛的作用。

第二节　医患沟通中的伦理和职业准则

一、教学目标

通过讲座及案例演练的形式，了解当前医患关系以及医学临床沟通过程中存在的伦理学准则及法律原则。在伦理学准则的理论构建方面，掌握国内外主要的基础性哲学概念体系，即责任伦理体系和目的道德体系。责任伦理体系的基础在于规则，而目的道德体系的基础在于结局。从这些理论发展出具体的伦理学原则，如Tom L. Beauchamp和James F. Childress提出：自主（autonomy）、行善（beneficence）、不伤害（nonmaleficence）和公平（justice）。自主和公平来源于规则基础，行善和不伤害来源于结局基础。

临床实践过程中尽管有这些原则指导，但在具体案例中却可能会出现冲突，医生常常需要在具体案例中具体分析判断，重要的是在分析判断时需整合患者的个人背景和视角，这就是引入叙事伦理的概念：每一个伦理情境都是独一无二 、不可重复的，普适性原则无法获得每个伦理情境的全部意义；在与健康相关的情境中，需要结合患者的个人生命故事，尊重个人选择；伦理两难案例遵循利益最大化原则。

教学重点是通过真实案例，启发学生对法律和伦理框架下的医疗决策进行思辨，在两难议题中权衡不同取舍的利与弊。

医患沟通课程的伦理教育有三项重要目标：①通过思考，了解医患沟通案例的伦理背景、医患沟通的内容和目的所依据的伦理原则以及伦理原则的实现方式。②学会基于伦理原则形成医患沟通的基本出发点和目标。③认识到在医学实践中同样存在伦理两难问题，通过实践演练，尝试面对，并做出选择和承担后果。

二、重要思政元素

发扬实干精神。党的十八大以来，习近平总书记多次强调“善始善终、善做善成”，实干精神是习近平新时代中国特色社会主义思想世界观和方法论蕴含的重要内容。这就要求我们始终坚持问题导向，善于发现问题、直面问题、分析问题。

依法治国。习近平法治思想中的公平正义观是推进全面依法治国的起点、支点和落脚点。我国法律充分体现了党和人民意志，推进全面依法治国，根本目的是依法保障人民权益。依法行医是实践依法治国原则的具体体现。

人民利益至上，患者利益为先。防风险不能因噎废食，谨防懒政、不担当、不作为。应处处为人民着想，既勤政，又善政，面对出现的问题，绝不能为了自己方便，损害人民利益，医生更是如此，应时时处处以患者利益为先。

三、教学策略和评价

教学策略：第一，在案例式和体验式教学中，使用临床案例进行分析讨论、角色扮演等教学方法，启发学生对伦理两难案例的深入思考。第二，以团体价值观对学生进行教育和引导，例如：积极、信任、反思、合作、倾听、平和、尊重、睿智、仁爱、诚实、行善、公平、自主，不仅宣扬了积极正面的价值取向，还增加了课堂投入度。第三，反馈和引导，在案例讨论中，教师随时关注讨论内容，从细节入手，对学生自发显露的积极价值观及时肯定，对负面的倾向及时引导和纠正。

评价方式：以案例讨论中学生的发言作为形成性评价指标。

四、教学设计示例

思政教学的要点：追求真理科学精神和理解尊重患者的人文精神，学习如何以辩证的思维分析问题。

教学重点和难点：重点在于启发学生根据伦理准则深入思考，实事求是地分析利弊，而非仓促下结论或以偏概全。难点在于讨论过程中学生会出现“强词夺理”的情况，认为某项决策只要符合患者的利益，就不存在两难情况。

教学内容与方法：第一，在小组中进行投票，共同选择本小组成员认为最重要的3项职业准则，得票最多的3项作为本团体的团体价值观，并在案例演练中得以体现。例如，在示范课程中，通过投票学生选出“尊重”“仁爱”“反思”作为本小组的核心价值观。

第二，在学生中招募志愿者，分别扮演医生、患者和患者家属。

第三，请志愿者分别阅读自己所扮演角色的脚本。

请医生扮演者阅读以下医生脚本。

案例

回肠造口还纳手术

医生脚本：你是基本外科的教授。

患者王先生，56岁，溃疡性结肠炎29年。3年前因病情加重内科治疗无效，采用回肠造口，行结肠旷置术。

术后患者便血症状明显缓解，血红蛋白恢复正常。但王先生一直期待能够做手术将造口还纳，恢复正常排便功能。尽管内科医生认为还纳手术后王先生的原有病情可能会加重，但患者本人强烈要求手术。内科医生请基本外科会诊，一起和患者商讨手术事宜。

医生的任务是：以小组决定作为自己的伦理准则与患者沟通。

请患者扮演者阅读以下患者脚本。

案例

患者脚本：患者王先生，56岁。

你患溃疡性结肠炎已经29年了，病情反反复复，开始一直是药物治疗。3年前你的病情加重，多方内科治疗无效，医生建议回肠造口旷置结肠。你当时病情很重，实在没有办法了，而且你听医生说过如果病情稳定，还有做手术还纳的可能，你不一定永远带着粪袋，所以你接受了手术。现在病情稳定了，你也不再贫血，只是每天使用粪袋令你很痛苦，觉得自己很脏。你一直期待能够做手术将造口还纳，恢复正常排便功能。

尽管内科医生说还纳手术后原有病情可能会加重，但你病了半辈子了，也知道这个病治不好，你更希望自己的生活质量能够提高。

因为你的坚决态度，你的内科医生现在请基本外科会诊，一起商讨手术事宜。

患者的任务是：以患者的情绪和想法与医生沟通，不有意为难医生，也不放弃自己的立场。

第四，在教师的帮助下，不同角色的扮演者尝试理解各自角色的内心感受、心理冲突、现实困难，并在实际演练过程中根据当下的感受做出相应的反应。

在示范课中，经过教师的辅导，扮演患者的同学体会到，作为一个人，丧失正常的排便功能，整日和粪袋生活在一起，会具有沮丧、厌恶、自卑、消极等情绪。尽管内心知道使用粪袋对自己的寿命和健康有好处，但却依然感到难以接受。而作为医生的扮演者，也能体会到自己有强烈的愿望想帮助患者做出对“生命有益”的选择。

第五，其他学生作为观察者，需要观察：医患沟通过程中医患双方的两难处境。在沟通过程中，医生践行了哪些职业化准则，又放弃了哪些职业化准则。

第六，按照医生脚本和患者脚本进行演练。演练过程中，医生扮演者参照团队价值观、医生的职业化准则和医患沟通技能进行访谈。职业化准则包括伦理准则和法律原则。演练时间不超过15分钟。

在示范课中，尽管医生也深度认同“尊重患者的自主”是最重要的价值观，但是在实际沟通过程中，一直试图说服患者接受“更好的治疗”，但患者却依然坚持自己的想法。这个局面僵持到访谈结束。

第七，反馈与讨论。在这一环节中请医生扮演者、观察者和患者扮演者依次进行反馈，深度探讨访谈过程中医生对职业化准则的实践情况以及可能的备选方案。

示范课中的反馈。

医生：我知道，我应该“尊重患者的自主”，但是，我感觉在这个情境下，我这样做不对……我想说服他。

观察者

同学1 我感到医生很想帮助患者，但他并不理解患者内心的感受。

同学2 如果是我，也会不知所措，选择了“正确的治疗”，就意味着生命失去了“尊严”与“意义”。

同学3 我希望医生可以试着去和患者交流“造瘘”和“粪袋”所带来的感受。

患者：我知道医生想帮我，我也知道他说得对，但是……当我处在患者这个位置上时，这个决定真的很艰难，我既害怕，又恐惧，但我羞于和医生提及。

教学成效和反思：在上述示范课中，遇到了知易行难的问题，医生一方面知道要“尊重患者的个人选择”，另一方面做出与之相反的建议，无法和患者达成一致。观察者和患者的反馈给了医生切身体验的机会，既讨论了两难案例，又创造了一个理解患者的机会。

医生在面对真实的患者时，要时刻记得所面对的是一个完整的人、一个活生生的人，既要治疗患者的疾病，也要体会患者的苦楚。而案例教学法无疑可以带给学生更深入体会和反思的机会。

第三节　在医患沟通教学中育人育心

一、教学目标

中共中央办公厅、国务院办公厅《关于深化新时代学校思想政治理论课改革创新的若干意见》明确提出，教育应承担以德树人的根本任务。对于医学生的品德教育应放在人才培养的首要位置。品德需要内在的塑造，而非外在的要求。将一名医学生培养成为富有爱心、同情心和共情能力的医生，是医学教育的重要目标。教学的基本任务定位于育人育心，积极促进品格塑造和能力培养。

二、重要思政元素

医患沟通过程中蕴含的思政因素主要包括：爱心、同情心和共情能力。

爱心是指向他人的利他欲望或亲社会动机，爱是具有利他性的感情、欲望倾向。爱伴随着希望他人幸福的慈善（benevolence），伴随着对他人的关切。英国哲学家休谟在《人性论》中认为："慈善（即是伴随着爱的那种欲望）是对于所爱的人的幸福的一种欲望和对他的苦难的一种厌恶。"爱伴随着对所爱之人祸福的关切，这区别于自爱。爱使我们的关切超出自身。

促使人打破自爱的桎梏去爱人的是同情。产生同情这一动机的前提是我们能够认知、在意他人的感受，进而能够关爱他人。正如孟子以恻隐之心作为“亲亲”“仁民”“爱物”的人性前提。

共情强调的是设身处地地去感受他人的感受。每个活生生的人都有着自己的价值体系、生活体系，对于患者什么是最重要的，往往只有患者本人知道，因而治疗中必须加入患者的价值判断。因此，治疗过程中不仅需要有仁爱、富有同情心的能力，还必须具备共情的能力，学会倾听，学会设身处地地从患者的体系理解其感受、需求，进而才可能与患者合作、协商，开展符合患者需求的治疗。

三、教学策略与评价

教学策略：

第一，采取案例式和体验式教学。个体对他人的关爱、同情和共情能力源于体验。使用临床案例进行分析讨论、角色扮演等教学方法，引导学生体验患者的内心，以角色扮演的方式进入患者的人生背景和情感世界。

第二，对学生进行“以患者为中心”沟通技能教育和引导，例如，学会倾听、尊重、不打断他人。通过学生的行为模仿和学习，实现以行育人。

第三，积极进行反馈和引导。在案例讨论及案例演练后的反馈式讨论中，教师随时关注教学过程中蕴含的思政要素，尤其是在学习和反馈共情这一沟通技能时，积极促进学生在掌握技能的同时，接受情感教育。

第四，教学过程本身也是重要的示范过程。教师在教学过程中紧扣医疗现实情境，覆盖医疗活动的每一个重要环节，在实操层面细抠技术，反复讲解、示范、演练、体验、反馈，帮助学生掌握准确的技术内涵，同时也让学生在教学活动中体验到被理解、被尊重、被平等对待、被重视、被认可，也学会面对批评，从而将育人的目标通过教学中的人际互动方式潜移默化于医学生的自身体验。

第五，医学生的家庭、社会环境是塑造医学生体验的重要来源。医学生的临床见习、实习、志愿者社会实践等都是育人育心的良好土壤。医学院校可以因地制宜，结合自身的实践活动，在强化医学技能的同时，培育学生的内在品格。

评价方式：

以案例讨论中学生发言作为形成性评价指标，以案例演练或情景剧中沟通行为和沟通效果进行技能评价，以临床实践的沟通意识和保护患者的行为作为教育的行为结局指标。

（教学实例设计见第四章）

第三章

医患沟通学课程思政教学策略

第一节 理论教学与课堂讨论

“人的全面发展”是指人的体力和智力得以充分、自由、和谐的发展，是指人的价值得到充分体现和全面实现。心理治疗工作是为人的工作，是促进人的全面发展的重要途径，从某种意义上说思政工作就是促进人的思想观念发生转变、推动人的价值理念实现转化的工作。在医患沟通课程的理论教学和课堂讨论这一过程中，应充分体现学生对人的尊重，促进学生理解人的价值，树立为人民服务的思想。为更好实现思政教学，我们制定了以下教学策略。

第一，设置专题。专题的设定应大力宣传和积极弘扬社会主义核心价值观，坚持唱响主旋律，打好主动仗，引导全体学生在多样化、多元化中坚持正确的政治方向和价值取向，引导其积极从事新时代中国特色社会主义现代化建设，进一步彰显思想政治教育工作的时代价值。专题主要包括医德医风、行为规范及医学伦理教育。应以画龙点睛的方式精准滴灌，帮助学生树立正确的世界观、人生观与价值观。例如，导论开篇讲述医德风范以及回顾和拓展医学伦理原则的内容中，应做到重点突出、论述生动、叙议结合，避免长篇累牍地生硬灌输。同时，也需了解医学生此前“医学伦理学”学习的内容与程度，避免过度重复。

第二，使用经典案例，彰显榜样力量。选取国内或本地区本单位医疗卫生界有影响力的英雄模范人物，如张孝骞、林巧稚、裘法祖、王忠诚等，围绕教学目标，着重介绍他们的爱国爱民情怀、职业操守、奋斗精神及社会贡献等，所选用的案例既要跟课程内容相关且生动鲜活，能引发学生的学习兴趣和思考，又要能折射当前社会现实中学生关注和关心的问题；既要有为医学发展无私奉献的医学名家的精彩沟通案例，起到榜样示范作用，又要有日常医患沟通中的示例，让医学生感到亲切可及。

第三，联系历史、时政，帮助医学生理解医患沟通变迁的社会背景与影响。如抗击新冠疫情、希波克拉底誓言、孙思邈大医精诚等，站在社会主义核心价值观与人类文明进步立场进行介绍和评述，将对医患沟通的认识、理解和应用与社会发展现状、人民需求和社会主义核心价值观相结合，构建和谐医患关系，促进社会和谐。

第四，隐性渗透，避免生拉硬扯。课程思政教学强调“润物细无声”。教师应注意寻求专业知识点与思政教育的隐性结合。教师以身作则、言传身教亦是隐性渗透的重要内容。避免生硬插入说教内容，影响教学效果。教育者应尽可能掌握教育对象的背景情况和性格特点等信息，并对教育对象存在的问题及产生的原因作出全面分析，确定沟通主题，以便在沟通过程中因人而异、因事而异、有的放矢、因材施教，获得对方的信任和好感，从而起到事半功倍的效果。沟通方式可以多种多样，其中启发式、朋友式和吻合式等三种方式深得教育对象欢迎，也是行之有效的。

第五，保持对价值观的敏感性，积极引导。在课堂教学的讨论中，教师应针对学生中存在的模糊认识、提出的尖锐敏感问题，牢牢掌握意识形态的主动权，有理有据地展开辨析讨论，并进行正确的思想引导。

第二节　案例演练（从心到行）

医学是一门实践学科，而不是纯理论科学。临床沟通更是讲究实践，其不只是医学与法学、伦理学、心理学、社会学等学科的简单相加。正如其他医学课程可以应用标准化病人（standard patient，SP）帮助医学生模拟临床实践一样，沟通课也可以应用SP来进行演练。可以采用基于标准化脚本的案例演练，即医学生可演练医生或患者角色，教师在必要时可以给予医生演练者以反馈、指导或示范。在演练过程中，在外观察的学生能够近距离观察和理解医患互动过程，并在之后的反馈环节中对参与演练的学生提出自己的观察建议。在高互动频率和不断推动的讨论式学习中，教学气氛更加轻松活泼。体验式教学还技能于实践，使学生能够“所得即所练，所练即所学”，获得在临床中具有高度可操作性的沟通技能。

仁爱作为道德自觉的重要基础是同情、共情等，在案例演练过程中，医学生在医生、患者和观察者的角色中丰富以自身为核心的“人”的体验，将医患沟通还诸“人本”，自觉产生想要解除患者痛苦的道德要求。学生借由自己直观的体验更能深刻理解患者作为一个独立的、完整的人的基本需求（被爱、被尊重、自主性等）和内心冲突，更加深刻地共情患者在患病后的各种感受（委屈、无助、受挫、愤怒、羞耻等），进而能够更好地用“以患者为中心”的沟通方式与患者建立医患关系，与患者更好地合作完成临床诊疗工作，提高患者的治疗依从性，促进患者的健康行为，改善健康结局。

一、案例演练的教学方法

首先，需要标准化的临床案例。推荐使用临床真实案例进行改编，在此过程中既保留临床案例的真实性和生动性，又在真实案例的基础上做个人背景信息的模糊化处理，充分保护患者隐私。案例设计需要紧扣教学目标和教学内容。例如，在告知坏消息的教学中，可以使用患者被告知罹患恶性疾病的案例，贴近临床工作的案例可使学生更有兴趣、更加投入，同时更有信心把课堂所学内容带到临床实践中。

案例脚本可分为医生版和患者版。医生版介绍医生的专业背景、临床场景以及临床沟通的目的和任务。为弥补医学生的专业知识，医生版本中可以增加与案例相关的医学知识点。患者版案例脚本介绍患者的个人信息、疾病症状、内心期待等，重点是帮助医学生在演练中更好进入患者角色。医生脚本和患者脚本都不是僵化的，如同一千个读者就有一千个哈姆雷特，在同一个脚本中出现不同性别、不同个性特征、不同地域背景的医生和患者都是可能的。

其次，案例演练的另一个关键点是教师辅导。演练者应熟悉脚本信息，以第一人称复述，帮助医学生从角色框架、思维方式、情感体验等各层面进入角色，可以有效提高案例演练的教学效果。“扮演”过程实际上也是一次深入的换位思考，教学方法本身也蕴含着沟通技能教学的思政核心“走入患者的世界”。

二、案例演练的教学效果

案例演练最集中的教学效果体现在演练后的反馈和讨论环节，这一过程同样遵循沟通的原则。医患双方的扮演者和从旁观察的学生都参与反馈，并带着任务目标进行讨论。教师在学生反馈的过程中加以肯定、启发和引导，分析问题和解决问题，必要时亲身示范沟通，做到言传身教。

从思政教育的角度看，“理论＋演练”的教学方式还是内化于心、外化于行在沟通课程的具体应用中。知行合一，既是马克思辩证唯物主义认识论与实践论的统一和必然要求，也体现了道德意识和道德践履的表里关系。道德教育绝不能知行脱节、知而不行。道德意识离不开道德行为，道德行为也离不开道德意识，二者互为表里，不可分割。在道德准则约束下产生的意念活动是行为的开始，符合道德规范要求的行为是“良知”的完成。

三、案例演练教学推荐流程

（一）事先准备案例脚本

根据教学目标和内容（如告知坏消息）设计标准化案例脚本，包括患者脚本和医生脚本。

（二）案例演练前

1.医患角色分工和辅导。1名学生演练医生，1名学生演练患者，分别阅读角色脚本，教师进行角色辅导。在熟记脚本内容信息的基础上，帮助学生对角色内心进行揣摩，认真进入角色状态。辅导中要强调以沟通中的真实感受进行反应，不用刻意按脚本“表演”，将自身的现场反应视为重要教学资源，并在案例演练后进行分享和讨论。

2.观察者任务分工。给观察的学生进行任务分工，可以是演练中的技巧要素，如肢体语言、共情，也可以是沟通的流程、医患关系，鼓励观察者做书面记录。在现场演练后汇报自己的观察，反馈内容应该是具体的所见所感，而非抽象评价。例如，“我观察到医生身体前倾、关注地看着患者，没有打断。”就是具体的反馈，而“医生态度很好”属于抽象评价。全程要求观察者保持严肃和安静，不干扰演练过程。

（三）现场演练

医学生代表医患双方进行现场沟通，其他学生带着任务进行观察。此时教师需要关注现场模拟演练中医患双方的语言和非语言信息、沟通过程和关键点，以便讨论时进行复盘。通常教师做书面记录可以更详细地采集以上信息。

（四）演练后的反馈和讨论

1.反馈前介绍原则。反馈的原则：第一人称发言，发言内容要具体化，对事不对人，不做抽象评价，鼓励分享个人的体验，例如，“我被感动了”或“我听了觉得不舒服”；接受反馈的原则：人都会犯错、虚心听取反馈，避免防御性反应如抢着解释、听而不闻。

2.先请演练医生的学生进行反馈，主要包括沟通过程的自我评价、内心体验，是否有困难、困扰等。

3.再请观察者们分别反馈。

4.最后请演练患者的学生进行反馈。

5.反馈过程中教师可以抓住时机，带领学生进行深入学习。例如，观察的学生反馈“这时候应该加以共情”，可以现场请观察的学生试着进入医生角色进行共情，充分调动学生主动学习的积极性，对好的沟通表现加以复述、强化，对困难之处也可以调动集体的智慧、教师亲自做示范。

第三节　巴林特小组工作

巴林特小组是由巴林特医生在与全科医生讨论医患关系的小组工作发展而来，是一种着重关注医患关系的案例学习方式。由一位医生呈现一位因各种原因出现在他或她脑海中的患者。小组从不同角度对医患关系进行思考，从而使医生可以获取他人的观点，察觉无意识的干扰因素，以及他或她自身对这一问题的影响，从而创造一种全新的理解和新层面的关系。这些新观点能使医生更好地理解自己和患者，并为实现更满意的治疗过程提供动力。

一、巴林特小组工作的主要任务

巴林特小组工作的主要任务是促进对医患关系更深入的理解和思考，方法是探索某一个医生和某一个患者之间的关系。巴林特小组以安全和尊重小组成员的方式开展，通过反思医生对患者的反应，对医生和患者都形成全新的认识，甚至促进医生自身人格“细微但显著的变化”。医生能深入地与患者共情，更多地与自己共情，从而更好地对患者的需求做出反应。巴林特小组工作能帮助医生减少孤独感、对困难案例的羞耻感，更易接受新的学习内容；可减少耗竭，提升与患者一起工作的满意度。

二、医患关系中的移情与反移情

对患者而言，医生是重要的依恋对象。患者会向他们转移各种正性和负性的想法、感受、愿望和欲望，这就是所谓移情。医生在解读这些想法和感受之前必须意识到这一点。

患者的行为和感受影响着医生的想法、感受和行为，或许在极端的案例中会困扰医生并让其不能正常工作。反移情是指医生对患者这个人、特别是其移情的无意识反应，反过来引导着医生对患者的感受、偏见、期待和欲望。医生也有其自身的情感发展历史，其中有长处也有弱点。例如，某个平时十分严肃的女性医生在汇报某个案例时语气非常温柔，而案例中的患者恰好是个有依赖性、善于向人示好的青少年，那么很容易想象这里的患者对医生产生了孩子对母亲一般的移情，而医生也对患者产生了母亲对孩子一般的反移情。

移情和反移情本身是无所谓好坏的，但由于其在不同的医患关系中会产生不同的影响，因而医生对移情和反移情的觉察非常关键，需要对此加以了解和管理。例如上述案例中的移情和反移情可能使医患之间更加亲密、信任，但也可能使医生对患者过度保护，妨碍了患者独立、成长的可能性。

三、巴林特小组工作的思政视角

巴林特小组工作的一个核心功能就是示范如何去尊重每个人的体验，在这个过程中医学生学会尊重自己的体验、尊重他人的体验、尊重患者的体验，同时将学会推己及人（同情）以及设身处地（共情）。

巴林特小组工作是一个以人为本的过程，力图还原困难医患关系中患者与医生作为普通人的情感属性。同时，巴林特小组作为一个职业化关系的团体，也是一个安全的、支持性的环境，允许参与者讲述自身的内心感受、困扰和愿望。

作为思政教学的一种方法，教师可以从两方面着手。

一是案例内容的思政视角。其中，可包括案例讲述过程中已显现的要素，如案例中的医生辛勤工作、努力钻研、同情弱者；案例中的患者热爱生命、坚持不懈对抗疾病的态度。也可包括那些在真实世界中存在、但案例报告中被忽略的部分，例如，患者、医生的不容易、没有说出口的感谢等。教师作为组长可以引导小组成员深入理解案例，发现这些可以触动情感的点。

二是小组工作过程的思政视角。教师作为巴林特小组组长可以参与到小组过程中，推动小组对于医患关系的理解。例如，巴林特小组工作讨论中参与者热烈讨论某个病例的诊断和治疗，完全忘记了案例医生对于医患关系的困扰。此时应请案例医生回到小组，说出自己感到被忽略的无奈和不满。可以让案例医生和小组其他学生现场体验到案例中的情感张力，真正投入到角色中，在潜移默化中影响医学生的世界观、人生观、价值观，形成“以人民为中心”“以患者为中心”的行医理念，转变医学院校“重专业、轻人文”的教学理念。

第四章

医患沟通学课程思政教学单元设计

第一节　医患沟通概论

一、教学目标

掌握：医患沟通的基本概念。

熟悉：医学模式中的人文心理内涵。

医患沟通，是指医患双方通过言语和非言语的方式，主要围绕患者的诊断治疗和健康问题分享信息、意义和感受的交流过程，双方的交流不仅是患者的伤病信息和医务人员的医疗诊断信息，还包括相关的价值观念、伦理观念、经济利益、法律规章、文化习俗、情感意志等信息。研究发现，医患互动过程中信任关系的建立和变化、双方的沟通能力及沟通策略、共情能力等影响人际互动质量的因素，都是决定医患关系动态变化趋势的核心要素。

在医疗活动中，医患沟通是不可避免的重要环节，良好的医患沟通可以营造相互信任的医患关系，促进共同决策，提高患者治疗的依从性，改善治疗结局。随着医学模式由生物医学模式向“生物-心理-社会”医学模式的转变，患者对医生和疾病诊疗的满意度不再仅仅停留在治愈疾病层面，而是对人文关怀等就医体验提出更高的要求。希波克拉底说过：“知道谁生了病比知道他生了什么病更重要。”在医患沟通过程中，要从人出发，了解患者的痛苦、生活经历、家庭和社会关系，共情患者的想法、感受，设身处地关怀、帮助患者，真正做到以患者为中心。因此，医学的人文属性蕴含在医患沟通的整个过程中。

同时，医患沟通过程会面临一些阻碍和困难。因此，在临床医患沟通教学中，结合临床常见的情境，以心理学理论为依据，传授学生科学的、职业化的应对方法和医患沟通技能，建立起信任的、合作的关系，更好地了解患者才能运用医学知识和技能和患者共同面对和处理疾病问题，最终实现改善患者治疗结局、就医体验以及医患关系。

二、重要思政元素

医学不仅是自然科学，更是以人为中心、为人服务的科学，必须考虑人的感受、价值取向等人文因素，因此也是人文科学。医生要在诊疗过程中把患者作为一个整体的社会人对待，从生物学、心理学、社会学、伦理学的角度综合考察和审视患者的健康状况，完成从传统的“以疾病为中心”到“以患者为中心”的转变。“以患者为中心”意味着打破只见疾病、不见病人的技术至上主义，强调以全人的角度了解患者、理解患者及其所患疾病，从而更有人情味、更富人文关怀地与患者建立关系、完成诊疗，这也是提高患者就诊满意度、幸福感、获得感的基本要求。

医患沟通在临床过程中发挥着重要作用，沟通技能是医学院校培养合格人才的核心任务之一。2008年9月教育部及卫生部印发的《本科医学教育标准–临床医学专业（试行）》明确指出，本科临床医学专业毕业生在思想道德与职业素质目标上应“具有与病人及其家属进行交流的意识，使他们充分参与和配合治疗计划”。长远来看，良好的医患关系、对患者有积极影响的医患关系也是推进健康中国建设的必由之路。

但医患沟通的核心意义不是为了规避甚至逃避医疗风险，不是“巧术”“话术”。医患沟通的成功是建立在扎实医学能力和为患者解除病痛的仁者之心之上的，医疗行为必须是在各项医疗法规和医德规范的框架之内。沟通技能的学习和磨炼是学会把“心中有患者”的理念转换为“以患者为中心”的行为实践，需要同时具备以人为本的思想和为人服务的能力。

教师需要旗帜鲜明地传递以下重要思政观念：对医生的基础要求和最低标准是必须在基本道德约束和各项法律法规框架内规范行医。在医疗行为过程中，医生要时刻提醒自己肩负的责任重大——患者以生命和健康相托，绝不能有疏忽懈怠。在这些基础要求之上，要做一个好医生，必须看到患者这一整体，不能只见“病”而不见“人”，这就是医学沟通的人文内涵。

此外，在《医疗机构从业人员行为规范》中对医务人员的医德和沟通方式作出了规范。

第四条　以人为本，践行宗旨。坚持救死扶伤、防病治病的宗旨，发扬大医精诚理念和人道主义精神，以病人为中心，全心全意为人民健康服务。

第五条　遵纪守法，依法执业。自觉遵守国家法律法规，遵守医疗卫生行业规章和纪律，严格执行所在医疗机构各项制度规定。

第六条　尊重患者，关爱生命。遵守医学伦理道德，尊重患者的知情同意权和隐私权，为患者保守医疗秘密和健康隐私，维护患者合法权益；尊重患者被救治的权利，不因种族、宗教、地域、贫富、地位、残疾、疾病等歧视患者。

第七条　优质服务，医患和谐。言语文明，举止端庄，认真践行医疗服务承诺，加强与患者的交流与沟通，积极带头控烟，自觉维护行业形象。

第八条　廉洁自律，恪守医德。弘扬高尚医德，严格自律，不索取和非法收受患者财物，不利用执业之便谋取不正当利益；不收受医疗器械、药品、试剂等生产、经营企业或人员以各种名义、形式给予的回扣、提成，不参加其安排、组织或支付费用的营业性娱乐活动；不骗取、套取基本医疗保障资金或为他人骗取、套取提供便利；不违规参与医疗广告宣传和药品医疗器械促销，不倒卖号源。

第九条　严谨求实，精益求精。热爱学习，钻研业务，努力提高专业素养，诚实守信，抵制学术不端行为。

第十条　爱岗敬业，团结协作。忠诚职业，尽职尽责，正确处理同行同事间关系，互相尊重，互相配合，和谐共事。

第十一条　乐于奉献，热心公益。积极参加上级安排的指令性医疗任务和社会公益性的扶贫、义诊、助残、支农、援外等活动，主动开展公众健康教育。

除《医疗机构从业人员行为规范》中规定的医德规范外，医务人员还有“九不准”：

一、合法按劳取酬，不接受商业提成。

二、严守诚信原则，不参与欺诈骗保。

三、依据规范行医，不实施过度诊疗。

四、遵守工作规程，不违规接受捐赠。

五、恪守保密准则，不泄露患者隐私。

六、服从诊疗需要，不牟利转介患者。

七、维护诊疗秩序，不破坏就医公平。

八、共建和谐关系，不收受患方“红包”。

九、恪守交往底线，不收受企业回扣。

思政教学的难点在于总论或概论部分的概念化内容较多，学生的兴趣不容易被唤起，甚至对于讲“大道理”有逆反情绪。可以采取的对策包括：阐明医患沟通与医学本质的紧密联系，唤起学生选择医学专业的初心；使用生物－心理－社会医学模式，教育学生认识提供良好医学服务以人为本的必要性；使用生动临床实例，让学生体验到医患沟通在临床工作中无处不在，激发其学习兴趣。

三、教学策略示例

疾病是每个人必然经历的生命体验，可以组织学生讨论分享自己作为患者或患者家属时对医患沟通、医患关系的期待，通过推己及人的方式加深感悟。

教学中建议医学生挑选一个给自己造成中等痛苦程度以上的相关疾病经验以及与之相伴随的各种不愉快体验，例如躯体症状痛苦、不安、恐惧、孤独、挫折、无助等，令人产生自怜，进而推己及人，更容易共情患者和患者家属到医院就诊的各种感受。

但对痛苦体验的回避也是人的一种常见自我保护机制，尤其是如果在首课上，学生对教学环境及师生还没有足够多的信任和安全体验，可能难以说出自己或家人的患病体验。这时可以邀请学生提出一个自己参与临床诊疗的印象深刻的患者的案例，讨论这个案例中的患者是什么样的人，其对医生可能有着什么样的期待和要求、对医患关系的感受可能是怎样的；当初如果怎样做了，可能会使患者得到更好的体验，能有助于改善医患关系、更好地帮助患者。

经过几个同学的自我分享或案例分享后，学生很容易就能发现，患者的苦恼和要求有共通的、类似的地方，但每个患者和每个医患的关系又是不一样的，需要医生对具体的患者有详细的了解，也就是“以人为本”“以患者为中心”，如此才能建立良好和有效的医患关系，实现对患者有利的治疗。

第二节　医德伦理两难

一、教学目标

掌握：通过教学掌握医德准则的内容及医学伦理四大原则的内涵。学会在临床沟通中辨析临床情境涉及的医德准则与伦理原则，并且可以根据医德准则和伦理原则进行医患沟通决策。

熟悉：通过教学熟悉医德准则和伦理原则在医疗实践中可能遇到的困难和问题，比如伦理两难。

了解：了解伦理两难的应对与解决方式及得失。

本节教学围绕医德准则和医学伦理四大原则展开。医德准则根据《医疗机构从业人员行为规范》主要包括：以人为本，践行宗旨；遵纪守法，依法执业；尊重患者，关爱生命；优质服务，医患和谐；廉洁自律，恪守医德；严谨求实，精益求精；爱岗敬业，团结协作；乐于奉献，热心公益。医学伦理四大原则，包括：自主（autonomy）、行善（beneficence)、不伤害（nonmaleficence)、公平（justice)。

尊重自主性原则意味着对患者进行任何医学操作或治疗之前都需要取得患者同意，否则就构成对患者权利的侵犯。患者不仅是医疗和医患关系的主体，患者还是有独特价值和尊严的人，其直接参与对自身所患疾病的认知过程。这一权利的保障也是知情同意这一法律约束的体现。患者必须在接收到关于疾病性质、推荐治疗的预期后果和替代治疗后给出其自愿的同意。但是，对自主性的尊重不一定超越其他伦理原则，例如，患者要求某个医生采用确知不会有效甚至会伤害其健康的治疗时，这时自主原则与不伤害原则发生冲突，这样的两难处境下医生可能需要做出权衡选择。

行善原则简单来说就是医生有义务为患者的最大利益作为。行善是医学的核心价值，可能也是整个医疗行业最为普遍认同的原则。

不伤害原则看起来是非常清晰明了的，但在复杂的实际临床中，医生常常需要权衡某个治疗干预给患者的帮助多还是伤害多。

公平原则要求医学决定是在理智和诚实的条件下做出的，必须识别和避免自私或者偏倚的影响。对很多人而言，公平原则还包括“公平分配”的概念，这是指医生不仅对某个患者有义务，还对更广大患者群体或者社会有公平分配资源的义务。在面对个体患者时，经常可能出现其他原则与公平原则产出冲突，例如，患者不符合急诊就诊适应征，应到门诊就诊处理常规问题，而患者因为个人时间安排等考虑坚持要在急诊就诊，医生就面临尊重患者个人自主性原则、行善原则与公平原则的冲突。

本节教学以医德准则和医学伦理四大原则为准绳，辨析临床情境涉及的医德准则与伦理原则，并据此做出相应的医患沟通决策。同时，熟悉医德准则和伦理原则在医疗实践中可能遇到的困难和问题，在不同的伦理原则发生冲突时，具体案例具体分析，整合患者的视角，在角色演练和分享反馈中寻找伦理两难的应对与解决方式，做出取舍，分析得失。在潜移默化中将医德准则和医学伦理原则内化为医学生的集体价值观，使学生在医疗活动中更具职业化和人文关怀。

二、重要思政元素

（一）思政要点

伦理学是关于社会伦理与个体道德的科学，致力社会伦理关系与个体道德状况的研究，期望实现社会伦理的和谐有序与个体品行的完善。在西方，伦理与伦理学是同一个词ethics，源于古希腊文ethos，意思是人的住所或居留之处，用来指称人居住于其中的敞开的场所。随着其内涵的不断扩大，表示风俗习惯以及所形成的人的品格和气质。道德（morality），源于拉丁文mores，也是指风俗、习惯以及品性、品德。

大多数情况下“伦理”与“道德”被用作同义词，但两者的侧重点略有不同：其一“伦理”更具客观、外在、社会性意味，“道德”更含主观、内在、个体性意味。其二伦理的核心是正当（适当、合适、合宜等），评价尺度是对与错；道德的核心是善（或美德、德性等），评价尺度是好与坏、善与恶。伦理对道德具有指导性，伦理化为个人的自觉行为，变为内在操守，即为道德，道德以伦理为内容。

医德准则与伦理原则是医患沟通课程中的两大核心思政要素，体现了沟通学的思想内涵。教学之初，通过两大要素的讲解、演练、讨论，树立德为先的基本立场，贯彻落实党中央关于高校教育以德树人的号召。

（二）教学重点和难点

本节教学内容和目标与思政教育的内容和目标具有高度一致性。通过学习，医学生需要熟知我国《医疗机构从业人员行为规范》的具体内容、四大医学伦理准则的具体内涵。强化医学生的职业意识，夯实理论基础，为在未来的学习和医疗实践中践行医德准则，遵守伦理原则做准备。

本节的教学难点是医学中的伦理两难。其核心问题在于具体医疗实践中四大伦理原则难以全部实现，任何一种选择都将实现一部分伦理原则，也将损害其他伦理原则。最常见的伦理两难是尊重患者自主性与其他几项伦理准则的矛盾。引导学生关注、思考、演练伦理两难问题，树立事物对立统一的哲学思想，坚持辩证唯物主义世界观。面对伦理两难，需要做出选择，化解矛盾或面对取舍承担得失，这有利于锻炼医学生全面认识事物的能力，培养勇于担当的品质。

三、教学策略示例

本节思政教学策略包括：

理论精讲，扎实掌握医德、伦理基础的内涵，深入理解我国弘扬的医德典范和伦理规范。

以医学大家为例，树立医德楷模。例如，唐代名医、药王孙思邈主张“人命至重，有贵千金”的生命至上的行医理念及“凡大医治病，必当安神定志，无欲无求，先发大慈恻隐之心，誓愿普救含灵之苦”的大爱精神和无我境界。中国外科之父裘法祖的“德不近佛者不可以为医，才不近仙者不可以为医”的人文关怀和科学严谨的行医理念。医学科学家吴阶平始终践行的“以患者为中心”的行医理念——“要做一名好医生，首先一点要研究人，全心全意为人民服务，这就是医德。医德不光是愿望，更是一种行动，这个行动要贯穿医疗的全过程，贯穿医生的整个行医生涯。”

在小组教学中展开价值观讨论，形成集体价值观。这一过程既是学生对价值观的思考和选择、观察和交流的过程，同时也是一次集体主义的教育过程。

通过案例演练与讨论，辨析伦理原则。通过伦理两难案例的呈现、演练、反馈，鼓励学生学会辩证思考，形成全局观与医者担当。

四、典型教学案例（见第二章第二节）

第三节　建立关系和采集病史的医患沟通

一、教学目标

了解：“以医生为中心”和“以患者为中心”两种临床访谈模型。

掌握：全面采集病史，完成体格检查。

在临床医患沟通过程中，如何和患者建立信任的医患关系，并采集病史，存在两种临床访谈模型：“以患者为中心”和“以医生为中心”，这两种访谈模型既是沟通技能，也是医患关系模式中的核心态度。“以患者为中心”是医生主动倾听患者的讲述。这种方式被推荐用于访谈的初始部分，尤其在令人动情的情境下，或者患者自己谈起心理社会压力时。在“以患者为中心”的访谈中，医生首先要留给患者空间，让患者把话说完，在一次访谈开始时患者说话的平均时间是92秒，而78%的患者在两分钟内会停下来。开放式提问，不要打断，等待、停顿，用言语及非言语信号的方式鼓励患者继续阐述，用患者的语言复述，用自己的语言进行总结，回应情感等都是“以患者为中心”的呈现。“以医生为中心”的访谈包括很多结构技巧。这些技巧能使访谈更集中和有效，包括：设定时间框架、介绍医生的主题、主导访谈时建议转移话题、必要的打断、封闭式提问、达成协议、在访谈结束时给予建议。

医生要合理使用“以患者为中心”的访谈技能和“以医生为中心”的访谈技能，呈现专业的、非评价的关注，充分了解“患者的世界”。“患者的世界”包括患者的情绪、观念，患者对疾病的反应及来诊的期望，以及疾病对其家庭及社会环境的影响等。如果医生不了解这些，仅仅局限在自己的“专业世界”中，就很难营造和谐的医患关系，可能导致重要的线索未被揭示。医生的积极、共情和关注可以令患者感到被重视、被关爱、被认可，使患者减少或超越羞耻体验，提高治疗的配合度，改善治疗结局。

在本节教学中，学生学习“以患者为中心”和“以医生为中心”的两种临床访谈模型，并练习使用这些技能全面采集病史，完成体格检查。在角色演练和反馈中，学生可以从不同角度观察和感受到作为患者被尊重、被关注、被共情的体验，以及当医生留给患者足够的时间去表述时给医患关系带来的变化，以此带来医患关系的新体验。在坚持科学的同时，切身感受到医学的人文关怀和对患者的尊重渗透在每一个医患互动的场景中，体现在医生的一言一行甚至一个眼神中。

二、重要思政元素

“以医生为中心”和“以患者为中心”这两种临床访谈模型本身并无优劣之分，但“以医生为中心”的访谈暗含着医生的医学权威，而“以患者为中心”的访谈则是让渡医生的权威，尊重患者的叙事。“以医生为中心”的模式适用于具体医学信息的确认，“以患者为中心”的访谈则适用于与患者建立关系以及解释和协商治疗等临床沟通环节。

采集病史和体格检查应注意对患者隐私的尊重和保护。采集病史不免要涉及患者个人生活、成长经历的各种隐私，而体格检查则是直接需要暴露患者的身体隐私。在日常的医疗过程中，医生们重复接触这些信息，可能会对病史采集和体格检查中的隐私不那么敏感；而对患者，尤其是对较少与医院、医生打交道的患者而言，这些信息和身体隐私可能具有丰富的个人意义，激发患者的羞耻感等负面情绪。因而，医生在这一过程中必须做好解释，保持专业及对患者的尊重。

“以患者为中心”的访谈模型的核心就是突出对患者个体体验的尊重。只有结合每个人的生活经验才能整合患病这个突出于正常经验之外的生活事件，继而才能更好地面对疾病、治疗疾病。与之相应的医学思潮是叙事医学的兴起。实证科学作为现代医学的根基，强调用科学、客观、规范的数据和试验结果来定义诊疗指南、疾病检验检查标准和临床路径，但在实际诊疗中，科学化和标准化的诊疗方案有时并不能给患者带来更好的就医体验。而叙事医学较多聆听患者的情感和声音，同时作为一种情感实践理性干预患者的治疗与康复，在肯定生物因素对疾病影响的同时，也强调社会、文化、个人感受对疾病发生、发展的作用。

尊重和保护患者隐私是基本医学伦理和医疗法规的要求。《中华人民共和国侵权责任法》第六十二条规定：“医疗机构及其医务人员应当对患者的隐私保密。”《中华人民共和国执业医师法》第二十二条规定：医师在执业活动中要“关心、爱护、尊重患者，保护患者的隐私。”《中华人民共和国护士管理办法》第二十四条规定：“护士在执业中得悉就医者的隐私，不得泄露。”

三、教学示例

（一）思政要点

医患沟通过程中建立关系时要突出理解尊重患者的人文精神。在采集病史过程中一方面要秉承实事求是的科学精神，另一方面要坚持医学人文精神、尊重患者。

（二）教学重点和难点

本节的教学重点在于教授和引导学生把以“患者为中心”从理论概念转变为沟通中的语言和非语言信息，常见问题是知易行难，例如，医生想安慰因病情焦虑的患者，鼓励他继续讲述病史，于是对患者说“别着急，生病没什么大不了”，反而让患者感到病痛不能被理解和尊重。针对这些难点，鼓励在教学中展开体验式教学和反馈式教学，真正使“以患者为中心”的理念内化于心，外化于行。

（三）教学内容与方法

案例脚本如下。

案例

对患者的提示：王女士，35岁，已婚，本次独自到妇科门诊就医。现病史：15岁月经来潮，周期28～30天，每次月经5天，偶有性生活。近2个月月经周期无变化，非月经期出现不规律出血。大约1年来有性交疼痛。

既往史：婚后计划要孩子，4年前和3年前自然流产2次，此后一直未再怀孕，至今未生育。以前没有过类似的出血情况。家族史：父母有高血压，家族中无肿瘤患者。社会家庭情况：小学教师。已婚6年，最初夫妻关系良好。近几年性生活不和谐，尤其今年性生活很疼很痛苦，常弄得夫妻两个人情绪都很不好，现在丈夫对自己漠不关心。幕后情况：你近几年因为没有孩子很焦虑，因逐渐疏远的夫妻感情你更对自己失去了信心。现在身体又出了问题，常怀疑自己得了妇科癌症。你内心的恐惧从来没有和别人说起过。

对医生的提示：你是一位妇产科主治医师，今天是普通妇产科门诊。王女士是一位35岁的已婚女性，独自来诊。

场景：妇产科门诊。

任务：建立医患关系，采集病史，完成体格检查。

A. 在学生中邀请两名志愿者，一人演练医生的角色，一人演练患者的角色。

B. “医生”和“患者”分别阅读以上脚本，在教师指导下进入角色。在角色辅导过程中要帮助演练者充分想象和感受角色的情绪，充实角色作为“全人”的体验。

C. 按照医生脚本和患者脚本进行现场沟通演练。演练过程中，其他学生作为观察者仔细观察医患双方的语言信息、非语言信息、医患关系特点等。

D. 在现场演练后进行反馈与讨论，邀请医生扮演者、观察者和患者扮演者依次反馈。例如，医生扮演者反馈自己很熟悉也很愿意进入对不规则出血具体症状的医学问诊，而对症状之外的话题、患者是什么样的人，却不太容易获取相关信息，但是努力按照课程所强调的多用开放式提问、多倾听、努力共情，逐渐能对患者的就医需求有更多的了解。患者扮演者反馈既期待又害怕医生询问自己的夫妻感情关系，如果医生表现出尊重、友好、专业的态度，自己会愿意打开更多话题，医生的耐心和专业让自己感受到了尊重，愿意信任医生，接受医生的体格检查，没有被暴露的慌张窘迫及羞耻感；学生则观察到当医生离开生物医学的问诊框架后，医生的话少了，但患者的话多了，医患关系更趋向于平等伙伴式。

（四）教学分析和反思

在本案例中，需要同时用到本课所教的“以患者为中心”的访谈模型和尊重患者的隐私这两个重要方面。可以想象，如果只是对不规则出血这一症状进行医学上的封闭提问，即使再详细、再全面，也无法有效了解患者的内心担忧和关注。也许医生凭临床经验会猜测患者对没有孩子可能存在焦虑，但应该难以想到患者会怀疑自己得了癌症，因而也就无法针对患者最关注的问题开展临床工作。本案例中对患者的情感关系状态、性生活状况和感受、妇科体格检查等都是敏感的隐私问题，需要对此保持觉察，沟通中做好铺垫、解释，征求患者同意，持续保持专业、尊重的态度，否则就可能会在无意中伤害到患者的自尊心。

第四节　解释病情及协商治疗方案的医患沟通

一、教学目标

掌握：解释病情的沟通模型及协商双方同意的治疗方案的沟通模型。

解释病情不只是医生对某个疾病的讲解，临床情境也从来不是能够简单抽离于患者的人格、生活史的，医生面对的是人，不是一组症状或者器官。患者的经历、体验、生活目标形成了理解和治疗疾病的背景。先以患者为背景去诠释患病对患者的影响，继而通过与患者对话解释疾病相关的医学信息，在此基础上和患者进行协商的共同决策，导向临床治疗。

学生在本节教学中需要掌握解释病情和协商治疗方案的沟通模型和技术要点，练习如何将病情信息有效传递给患者，建立"以患者为中心"的医患关系，在关注患者体验、了解患者价值观的基础上与患者共同决策临床治疗，尊重每位患者的自主性，提高患者为自己承担责任的能动性，提高患者满意度和治疗依从性，为后续治疗奠定基础，最终实现好的治疗结局。

二、医患沟通中蕴含的重要思政元素

解释病情的医患沟通环节中，医生应先了解患者的解释框架，评价患者的出发点；尽量用患者听得懂的语言给出临床解释；关注患者的情绪反应，尤其是在告知重大疾病诊断时需要允

许患者有处理情绪的时间；在解释后还需核实患者是否真的理解医生提供的信息。

思政要素是以患者为中心，尊重患者的独特性。协商双方同意的治疗方案，核心思政理念是尊重每个患者的自主性，最重要的临床意义是提高每个患者的主体性，使其为自己的健康承担责任，与医生共担治疗决策相关的风险。除此之外，协商一致的治疗也更能提高患者满意度和治疗依从性。在协商开始前，应评价患者对治疗的出发点。协商治疗过程中，应了解患者的现实困难，以建设性而非指令性的方式指出医生个人推荐的治疗方案，提供治疗的备选方案，在此基础上了解患者倾向的治疗方案，从而达成双方都接受的治疗方案。在结束阶段，双方达成协议，并安排随访以及为特殊事件建立一个安全网。

思想是行动的先导，行动是思想的体现。要实现有效沟通，首先是要真正尊重和关爱患者，才能做到以患者为中心，换位思考，想患者之所想，急患者之所急。在此基础上，学习专业的沟通技能，以平等的身份将专业医学理论转化为患者听得懂的语言，解决患者的问题，打消心中疑虑。

医生应兼顾科学精神与人文情怀。医学是以人为研究对象的一门学科，既需要严谨、科学的实践精神，以客观事实和规律为准则，也不能忽视人文因素。医生不仅是在实验室做实验，更要直接面对患者及其家属进行看诊并解释病情，因此，必须依据每个患者的独特价值排序决定什么最重要、什么样的治疗最适合。

三、教学策略示例

第一，在学生中招募志愿者，扮演医生、患者和患者家属的角色。

第二，请志愿者分别阅读各自的案例脚本。

请医生扮演者阅读以下案例脚本。

案例

对医生的提示：以下内容是你已经了解的，你可以直接从解释病情开始这次的访谈。

场景：心内科诊室。

侯先生，43岁，考古学教授，首次就诊。自诉因近期血压偏高，其妻感到担心，故督促其就诊。他理解妻子的担心，因为她的父亲和她的两个叔叔的脑卒中都是由高血压引起的。不过，侯先生接着表示："那只是她那边的亲戚，我的父母都已经85岁了，身体非常健康。"

患者无其他的不适。无特殊既往病史、家族史和症状，未服用任何药物。患者与妻子同住，儿子在上大学。他是一个考古学家，研究方向为汉代器皿，经常在偏远山区考古。无吸烟史，偶尔适度饮酒。

体检示血压180/105，无其他异常。眼科检查提示高血压的征兆（动静脉局部缩窄）。

患者4年前、2年前曾来本院就诊于其他医生。每一次检查均见血压升高。

检查完毕后，现在你回到诊室与患者继续沟通。

你的任务：解释问题。

开场白："侯先生，请坐。到目前为止，除高血压外其他检查结果都正常。"

请患者扮演者阅读以下案例脚本。

案例

对患者的提示：这个场景是医生在完成病史采集和查体后，返回诊室开始与你谈话。下面的话是你提前告诉他的。

现病史：你是一位43岁的考古学教授。你此前未见过这个医生。你来医院是因为你的妻子坚持让你做一个常规检查。你对医生解释说，你的血压在前一段时间有点高，你的妻子很担心。你笑着对医生说，她对任何事情都很担心。但是你继续表示，你的妻子的担心是可以理解的，因为她的父亲和她的两个叔叔都因高血压引发脑卒中。你说："那只是她那边的亲戚，我的父母都已经85岁了，身体非常健康。"

既往病史：无任何重大疾病和手术史。

家族病史：父母都已经85岁高龄，但是身体很健康，除了风湿外。

医生刚刚给你做身体检查，现在回来和你继续交谈。

如果医生问你："你了解高血压吗？"你的回答是，你知道高血压是一个病因不明的疾病，经常没有任何症状，有可能会引起心脏病和脑卒中。描述完毕，你笑着说，知道这么多是因为自己的父亲是一名医生，而你的妻子至少一个月给你讲一次高血压的知识。

幕后安排：只有当医生没有作任何判断，并对你的看法表示很有兴趣的时候（例如，"你在用药吗？"），你再叙述以下内容："我认为服用药物是人开始衰老的表现，说明有病了，不再是一个健康人了。"

第三，在教师的帮助下，不同角色的扮演者尝试理解各自角色的内心感受、心理冲突、现实困难，并在实际演练过程中根据当下的感受做出相应的反应。

第四，其他学生作为观察者被分为3组，观察任务分别为：①“以患者为中心”的访谈模型的使用。②访谈过程中的语言信息和非语言信息，以及共情技术的使用。③解释病情和协商治疗方案的沟通模型使用。

第五，按照医生脚本和患者脚本进行演练。演练过程中，医生扮演者参照解释病情和协商治疗方案的沟通原则进行访谈。演练时间不超过15分钟。

第六，反馈与讨论。在这一环节，邀请医生扮演者、观察者和患者扮演者依次进行反馈。深度探讨访谈过程中医生哪些方面趋于以患者为中心？哪些方面又趋于以医生为中心？存在哪些值得注意的语言和非语言信息？哪些地方有意识地使用了共情？哪些地方可以更加积极地使用共情？在使用解释病情和协商治疗方案的沟通模型过程中，哪些地方表现得好、哪些地方需要改进？

第五节　告知坏消息的医患沟通

一、教学目标

掌握：告知坏消息的基本沟通技能，并在演练中能遵循技术标准完成告知坏消息的完整过程。

熟悉：为患者探索资源、提供情绪支持的至少3种方式。

疾病对于医生和患者来说是不同的，对医生来说，疾病是一个工作内容，病情是一个连续谱，从轻到重。而对患者来说，病情直接关乎自己的生活与生命。有研究表明，医生使用恰当的沟通技能向患者或其家属告知病情坏消息，可以有效地降低患者在面对疾病过程中的焦虑和抑郁体验。

医疗“有时是治愈，常常要改善，总是在安慰”。在告知病情坏消息的临床实践中，医生要进入患者的世界，了解疾病给患者带来的心理反应，给患者的生活带来的变化，了解患病对每一位患者来说意味着什么，为患者提供情绪支持，帮助患者探索资源应对病情带来的压力和困难，在这个过程中，患者感受到的不只是冷冰冰的手术刀，在共情患者及其家属的负面情绪的过程中，医生面对的也不再只是疾病，更是患者这个人。

在教学中，结合患者在面对病情坏消息时的心理反应和个体差异，以及医生在临床中告知坏消息时遇到的困难，传授给学生告知病情坏消息的基本沟通技能。设置告知病情坏消息的沟通任务，在沟通任务中练习相应的沟通技能，并在演练中遵循技术标准完成告知坏消息的完整过程。

告知坏消息的沟通任务主要包括。

【早期】

1．氛围：安静的房间，所有人都就座

2．前兆：让病人或家属有心理准备——“很遗憾，结果不是那么乐观……”

【中期】

1．诊断：使用通俗的语言解释诊断的专业术语——“您得了淋巴瘤——一种癌症……”

2．医生的难处、悲伤：“我也不希望结果是这样。”

3．亲属支持体系：“遇到困难时你向谁求助？”

4．精神、文化支持：“有没有什么帮助你度过困难时期的精神支柱？”

5．希望：探索病人希望的源泉——“结肠癌的治疗效果很好”，“生活中你从哪里获得希望？”

6．决策：讨论关于疾病，患者想知道多少以及亲属或患者愿意采用何种方式作决定；患者希望由亲属作决定吗？

【后期】

随访：安排进一步的讨论——“让我们这周再见个面，讨论更多……”

二、重要思政元素

课程思政蕴含的主要元素是保护患者和能够共情的人文精神、人文素养。

医生应具备以患者为中心、全心全意为患者服务的基本职业素养。在患者遇到困难的时候，作为医务工作者，应能够为患者及其家属提前准备好他们所需要的支持，可小到一杯水、一盒纸巾，大至准确的医疗信息和周全的治疗安排。在患者的生命遇到危险时，医务工作者应展现出最深切的人文关怀。

习近平总书记在《善于同群众说话》中强调：“有少数干部不会同群众说话，在群众面前处于失语状态。其实，语言的背后是感情、是思想、是知识、是素质。”做好和患者的交流工作，首先要掌握说话的“道”，要时时刻刻把患者的利益放在首位，端正世界观、人生观、价值观，在与患者沟通交流的过程中学会换位思考。本节正是通过对学生语言及沟通交流能力的训练，切实提高学生的人文素养。

三、教学策略示例

第一，通过理论讲解，使医学生深刻理解人在应激状态下的反应和心理需求，使医疗服务与关怀能围绕患者及其家属的实际需求进行。

第二，以演练为核心，重在以角色促体验，加深对患者的理解。不断磨炼技术，以便在临床中能有效应用。在此过程中，教师应仔细观察，积极引导学生多体会、表达，并不断改正，让医学生切实体会到在医疗活动中最不可忽视的是患者及其家属的感受，从而培养医学生为人民服务的内在动力。

首先，在学生中招募志愿者，扮演医生、患者和患者家属的角色。

其次，请志愿者分别阅读各自的案例脚本。

请医生扮演者阅读以下案例脚本。

案例

意外的结肠癌

给医生的提示：以下内容是你已经了解的，你需要告知患者病理诊断结果。

场景：急诊科的医生诊室。

周先生，70岁，4天前因右下腹痛来急诊，伴有便秘和呕吐的症状。体温达38摄氏度。他自己认为是急性盲肠炎。观察2天后拟诊化脓性阑尾炎，行阑尾切除术。术后2天患者在急诊留院观察，现在病理诊断为结肠癌。他还不知道这个消息。

开场白："你好，周先生，现在感觉怎么样？"

请患者的扮演者阅读以下案例脚本。

案例

患者的情况：阑尾切除术结束后，你在医院的床上躺了2天。你觉得自己是得了急性盲肠炎。

现病史：4天前你的右下腹开始出现剧烈疼痛，伴有便秘和呕吐的症状，而且发热达38摄氏度。2天前你做了阑尾切除术。在过去的几年里，偶尔大便中有血，但你认为那是多年痔疮。来急诊室就诊时，你告诉医生自己得了急性盲肠炎。

既往病史：高血压。每天服用50毫克阿替洛尔片剂。

家庭病史：你有一个比你大三岁的哥哥，现住济南，体健，偶有季节性过敏。曾是门卫，现已退休。你的父母都已过世。父亲59岁时死于高血压所致的脑卒中，母亲60岁时因心脏病去世。

社会情况：你是一个退休工人，退休前在一所学校担任维修工。独居。20年前离异。有一个儿子，已成年，在外地工作。退休后经常和朋友一起打牌，常看电视。现在一家杂货店任职，每周工作2天。无吸烟史。20岁起每天喝2～3瓶啤酒。

回答医生的问候："我现在很好，手术很顺利，挺好。"

你的情感反应：你有一点担心，因为没有任何医生坐下来和你讨论手术结果，但是你很清楚，医生都非常忙，而且他们说过这是化脓性阑尾炎（先前的诊断），不是一个大问题。

当你听到医生告诉你结肠癌这个坏消息时，你一下子愣住了。

当被问到以下问题时，再作出反应（准备好回答下列问题）

1. 在遇到困难的时候，你通常愿意跟谁说说?

2. 有什么信仰或精神支持可以在这个时候帮助你的?

第三，在教师的帮助下，不同角色的扮演者尝试理解各自角色的内心感受、心理冲突、现实困难，并在实际演练过程中，根据当下的感受做出相应反应。

第四，其他学生作为观察者被分为3组，观察任务分别为：①“以患者为中心”的访谈模型的使用；②访谈过程中的语言信息和非语言信息，以及共情技巧的使用；③告知坏消息的沟通模型使用。

第五，按照医生脚本和患者脚本进行演练。演练过程中，医生扮演者参照告知坏消息的沟通模型进行访谈。演练时间不超过15分钟。

第六，反馈与讨论。在这一环节，邀请医生扮演者、观察者和患者扮演者依次反馈。深度探讨访谈过程中，医生哪些方面在尝试以患者为中心？而哪些方面又在尝试以医生为中心？存在哪些值得注意的语言和非语言信息？在哪些地方有意识地使用了共情？在哪些地方可以更加积极地使用共情？在使用告知坏消息的沟通模型过程中，哪些地方表现得好，哪些地方需要改进?

第六节 面对愤怒患者的医患沟通

一、教学目标

掌握：面对愤怒患者的医患沟通技能。

熟悉：患者处于困境时的情绪和困难。

应对冲突的技能包括：接触患者时，通过肢体语言使其放松，承认事实性错误，尽可能了解患者的困境，避免与患者或家属争辩，纾解患者的抱怨和情绪；处理情绪时，通过共情、倾听及以患者为中心的沟通技能理解患者的负面情绪，耐受攻击，协助患者表达和描述情绪；在讨论计划时，澄清自己的角色和医患关系，共同讨论解决困难的计划，让患者获得幸福感和安全感，为患者后续诊疗提供保障。

二、重要思政元素

与处于愤怒的患者进行沟通是医患沟通教学中的难点。患者的愤怒、指责经常令医学生出现恐惧、委屈、愤怒等情绪。案例设计、演练和分析中要将心理学知识、沟通技能与正确价值取向相结合。

课程思政要素的重点是理解患者愤怒背后的个人故事和个人体验，以平等和仁爱的信念沟通，勇于承认错误。

采用案例演练的方式，由学生根据脚本扮演医生或患者，其他学生观察演练过程。演练医生的学生，按照课程提示，演练沟通技能，体会沟通技能在医患沟通中的作用。演练患者的学生可以设身处地地理解患者处于困境时的情绪和困难，体会在与医生沟通时医生应对的情绪反应，并在演练后反馈给医生和观察者。观察者从“第三只眼”的角度，在演练过程中观察医生的非语言信息、共情、探究感受等，并深入理解“以患者为中心”和“以医生为中心”的访谈的特征和作用。通过每个角色的反馈，医学生能深入理解医患沟通技能。

三、冲突案例中的教学案例

第一，由学生自愿产生参与演练的医生角色和患者角色。其他学生作为观察者被分为3组，基于“以患者为中心”和“以医生为中心”的访谈模型，对沟通过程中的语言信息/非语言信息、共情技术的使用以及应对冲突的职业化医患沟通技能等三个部分进行观察。

第二，案例示例。

请医生扮演者阅读案例脚本。

案例

恼怒的律师

给医生的提示：你是神经内科医生

场景——神经内科诊室。

孙女士是一位35岁的律师，长得有点凶。这是你第一次给她看病。因为住院部有一位患者与你纠缠不休，你到达门诊诊室时迟到了30分钟。

任务：运用学习到的沟通模型，应对患者的不满情绪

开场白：“您好，孙女士，我是 × 医生……”

请患者扮演者阅读案例脚本。

案例

患者情况：你是一个35岁的女性律师，已婚、没有孩子，最近搬家到北京。因为腰痛，第一次来这个医院看病。医生迟到了30分钟，你很不高兴。

病史：你的腰痛是两年前开始的，当时你正在搬一个花盆，突然腰部剧烈疼痛，并传到了左腿和左脚。腿和脚疼痛时有点麻木感，但没出现肌无力。你自己吃了些镇痛药，卧床休息后，你感觉好多了。但是4个月之前，当你搬一个很沉的化妆台时，腰痛又出现了。你看了医生，拍了X片，医生告诉你可能有一个椎间盘突出压迫到了某神经。他给你开了肌松药，让你继续服用镇痛药并要求你卧床平躺2个星期。那个医生一共用了5分钟的时间给你看病。你认为他没有给你时间问出你所关心的问题。此外，如果你真的卧床2个星期，你正在为公司处理的那些重要的诉讼案件怎么办？他对待你的方式让你很生气，你甚至怀疑这个医生是否真的有水平。

背景情感：你马上就要与新的医生见面了。你希望这回遇到个称职的医生。你今年的医疗保险额度已经用去不少了。如果你等了半个小时还只是个一看就不称职的医生，并且只能得到5分钟没有意义的建议，你真的要骂人了。你讨厌一直这样疼下去，并且讨厌被医生们来回推诿。

如果医生为了迟到而真诚道歉，镇静一下，回答他的问题。

如果医生用“我们有很多紧急的工作”之类的话为自己辩解，你的愤怒会增加——例如，“要是你不能保证按时来，你就不要让病人来挂你的号看病。”或者，“我等你等得已经厌烦到极点了。”（生气地说）

幕后安排:（当你感到被医生理解和关心，才说出以下内容）为什么你如此不安并且容易动怒：因为疼痛让你工作时注意力不集中，你已经耽误了许多工作。你担心自己不能得到提升或者可能会丢掉工作。没有工作对你来说将是一个灾难，你和你丈夫要为你生病的父亲和婆婆支付昂贵的医疗费用。你父亲患有心力衰竭，你婆婆患有乳腺癌。尽管你丈夫可以理解你，但是腰痛已经影响到了你们的夫妻生活。麻烦事已经够多的了。你希望这次彻底治愈你的腰痛。

开场白（生气地）:“医生，我可足足等了你30分钟。”

第三，教师指导医生和患者的扮演者体会角色的内心感受。在本案例中，在教师的帮助下，作为医生扮演者，体会到医生由于各种原因无法按时赶到门诊，内心非常着急、委屈与无奈。在面对批评时，他会有为自己辩解的冲动。作为患者的扮演者，体会到在等候医生出诊时内心的焦虑与不安。对医生既有期待，又伴随着强烈的不满；她有缓解自身症状的强烈渴望，又有对既往就医经历的失望和本次就医的不安。

第四，医生和患者进入各自角色，进行医患沟通。在本案例的演练过程中，访谈开始时患者强调，无论发生任何情况，都不是医生迟到的理由。医生在听到患者的诉求之后，很认真地向患者承认了自己的错误。

访谈深入过程中，医生注意到，尽管从医学上看，患者的症状背后并没有严重的医学问题，但患者对自身躯体症状的担心却十分强烈，并有意识地询问了症状是否由潜在的病因所致。患者在医生的询问下，讲述了自身现实生活中的各种压力，并在访谈结束时接受了医生的诊疗意见。

最后，分别由医生扮演者、观察者和患者扮演者对访谈过程进行反馈。

医生：在访谈一开始，患者的负面情绪十分强烈，我感到有些不适，并且有强烈为自己辩解的冲动，压抑这个冲动的确是有些困难的，但是我也能理解患者本身是无辜的，而我确实应该向患者道歉。这一步似乎促进了我们的医患关系，患者和我的交流更加顺畅。在访谈中期，患者表达了对身体症状的过度担忧，令我感到有些困惑，因为从医学上来看患者的问题并不严重，我尝试使用课堂上学习的方法，寻找患者担心的缘由，没想到获得了意外的收获。在患者大谈自己的生活压力时，我其实有些着急，但是我要求自己认真倾听，似乎并没有消耗太多的时间。患者最后顺利地接受了我的医疗建议，我为此感到欣慰，也有些惊讶。

观察者

学生1 医生的访谈过程是十分精彩的，是一位非常有耐心的医生。

学生2 患者开始时，情绪反应非常强烈，作为观察者，我会有些不安，如果我处在当时医生的位置上，我可能会和患者发生争论。这位医生的反应让我惊讶，也让我感到佩服。

学生3 听患者描述自己的生活压力，确实让我感到不习惯。似乎有点“打探隐私之嫌”，但患者似乎很愿意倾诉。

患者：是的，这是一个非常好的医生。他的道歉很真诚，让我稳定了情绪，并原谅了他。的确，当谈及我生活中的压力与问题的时候，确实让我感到不好意思，但是说出来真的感觉好多了。这样我感受到了医生对我的关注，尽管治疗上并没有什么特别之处，但是我愿意合作。

第七节　慢病行为管理的动机访谈

一、教学目标

掌握：动机访谈的适应证（慢性疾病的行为管理）和基本沟通技术（“以患者为中心”的沟通技术）。

熟悉：动机访谈的四阶段基本流程。熟悉反馈式倾听的模式、分类、效果和适用情境。

了解：动机访谈的心理学原理。

二、重要思政元素

本节最核心的思政要点在于“以患者为中心”。党的二十大报告中指出：要“把我国建成富强民主文明和谐美丽的社会主义现代化强国”，而建立和谐的医患关系正是其题中应有之义。实现和谐医患关系的方式包括从医疗体制上、硬件上、服务中全面构建“以患者为中心”的医疗环境。医患沟通中更应落实“以患者为中心”的职业素养和沟通技能。

“以患者为中心”的沟通技能包括：倾听、反馈情感、不打断患者等，充分体现医德规范中的尊重与关怀：尊重既是尊重患者说话的权利，也是尊重和认可患者努力；关怀体现于关心患者的困难，能体察患者的感受。

在动机访谈中，强调以人民群众的健康需要为导向，促进患者健康行为的改变。思想是行动的先导，只有想方设法统一思想，提升认识，才能激发患者疾病行为管理的积极性和主动性。在促进患者行为改变的过程中，最忌空洞说教，应注意了解患者的实际困难或矛盾纠结的问题，充分理解其所思、所想、所盼，这样才能有的放矢、对症下药，达到潜移默化的效果。

三、教学策略示例

第一，将以“患者为中心”的理念融入动机访谈心理学原理的讲解中，帮助医学生理解“以患者为中心”不仅是医德规范的要求，更是帮助患者提升自信和效能的有效方式，有其心理学基础。第二，以“戒烟”“减重”等需要行为管理的案例为代表，通过演练和反馈，强化医学生的切身体验，理解患者的难处和需要，才能构建和谐的医患关系。第三，在教学中融入反馈原则和倾听反馈原则。教师以身作则，做到以学生为中心进行倾听并作出合理反馈，避免训斥、打击，理解医学生在掌握这部分内容时的困难，并予以鼓励和帮助。同时，也鼓励医学生学习和掌握反馈原则。

案例如下，请医生扮演者阅读案例脚本。

案例

给医生的提示：你是一位心内科主治大夫。以下内容是你已经了解的。

场景：心内科门诊。

张先生，48岁，诊断为冠心病，3个月前有一次急性心肌梗死发作，予以支架治疗。本次来院随访。心脏检查提示心功能基本正常，能进行一定强度的锻炼。

任务：①与患者讨论与冠心病相关的行为；②促进患者的行为改变。

开场白："张先生，您好！"

请患者扮演者阅读案例脚本。

案例

患者的情况：你是一位48岁的公司职员，3个月前发生过急性心肌梗死。你从家人、医务人员处了解到，戒烟、锻炼和减肥对预防冠心病很重要。

现病史：3个月前发作急性心肌梗死，行支架治疗，这以后一直予以抗血小板聚集药物治疗。此次是常规到心内科医师处进行复诊。

既往史：无特殊，身高1.75米，体重90千克，体重指数（BMI）29.4。

社会情况：你是一名48岁的公司职员，性格乐观，享受生活，喜欢吸烟、美食，不喜欢运动。每天花2个小时开车上下班。家里有一堆烦心事，包括今年14岁处于青春期的儿子。

家庭情况：妻子很关心你的健康，但是有时候你觉得她不太理解自己，只是一味地劝说。

幕后指导：当医生问你，“除了按时服药，你还做了什么？”你会回答，“我做得真不怎么样，我的生活方式不太健康”。如果医生表示，你可以做什么完全取决于自己。你愿意与医生讨论健康问题吗？在心肌梗死住院期间，你认真思考过自己可以进行的改变。你喜欢自己的工作、希望陪伴儿子成长，甚至有一天能看到孙子、孙女。如果医生问你愿意做出哪些改变，你会回答自己愿意选择锻炼。你已经在家尝试了散步，但每次只走一会儿，就觉得胸口不舒服，担心对心脏不好，所以散步的时间很短；而且感觉散步挺累的，也担心走多了对膝关节不好。

开场白：“医生您好，我最近一直坚持服药。”

在上述情景中，张先生性格开朗，对未来生活充满憧憬；医生则秉承“以患者为中心”的原则，摒弃居高临下的姿态，能设身处地、有的放矢地针对患者的身体条件和心理状态提出锻炼建议。由此，医患双方形成了正向的反馈，双方在彼此尊重、和谐融洽的氛围中完成了一次有效的诊疗行为。

第八节 个体化和差异化的医患沟通

一、教学目标

熟悉：不同文化水平患者的沟通技能。
了解：不同疾病严重程度患者的沟通技能。
掌握：不同年龄阶段患者的沟通技能。

二、重要思政元素

古希腊哲学家赫拉克利特说过："人不能两次踏进同一条河流。"同样，我们接诊的患者也是多样化的，在社会、经济、文化、疾病、年龄等方面往往存在诸多差异。

患者的文化水平不同。鼓励学生设身处地地理解不同文化水平患者就医时的内心感受和需求，选择相应的沟通方式。比如，文化水平较低或生活在农村的患者，就医时往往有紧张畏惧心理；对于此类患者，沟通时需营造轻松亲切的氛围，用词遣句尽量口语化，涉及方言要耐心平等地与患者进行澄清，解释时力求每个组块都简明直接，及时核实患者的理解程度，主动协助患者表达内心感受、需求或顾虑，提高依从性。相比之下，文化程度较高的患者可能已经掌握了一定的医学知识，自主性相对较强，沟通中则要多使用"以患者为中心"的沟通技巧，了解患者已有的知识，采用与患者相应的态度和言语，表达尊重、关爱和协助，促进患者共同参与疾病的决策。

患者所患疾病的严重程度不同。应引导学生体会医生的工作重点在“人”而非“疾病”，深切理解“有时去治愈，常常去帮助，总是去安慰”的精神。使学生认识到不同严重程度的疾病会影响患者的情绪、认知和需求，并学习采取与之相应的沟通技能。

患者的年龄阶段不同。在与不同年龄阶段的患者沟通时，要理解这个年龄段人群的特征，同时也要重视个体化的差异。例如，在与14岁男孩沟通时，尽可能使用对方能理解的字眼，沟通时语言要活泼、轻快。老人常常经历丰富常需要被认可，特别是独居的老人，倾诉欲更强，沟通时需要适时、温和地转移话题，避免生硬地制止。

在授课时，需要有机结合相应的思想政治要素，进一步提高学生的职业素养和思想觉悟。

（一）人民至上，生命至上

健康是促进人的全面发展的必然要求，是经济社会发展的基础，是影响人民群众获得感、幸福感、安全感的重要因素。教学中需要着力引导医学生走出象牙塔，真正把焦点放在每一位患者身上，平等看待所有患者，力求沟通充分有效，不可用患者文化程度低作为沟通效果或治疗依从性不佳的借口，也不可因为患者病情轻或年龄较大/较小就漠视患者担忧和疑惑的心理需求。

（二）重视多样化需求

随着改革开放的全面深化和社会主义现代化建设的全面推进，我国社会生活诸多领域众多层面已经发生深刻变化，无论是社会成员的思想观念、价值取向、思维方式、心理状态等都呈现出多元化、多样化的趋势。我们既面对着发达国家面临的卫生与健康问题，也面对着发展中国家面临的卫生与健康问题。教学中需要引导学生深刻了解医患沟通的多样化，尊重个体的独特性，学会应对多样化需求的技能，使其将来开展临床工作时有耐心、有信心帮助不同文化程度、生活环境及年龄段的患者。

（三）结合现实，强化社会主义核心价值观

做思想政治教育最有效的方式就是密切联系实际，解决实际问题。教师可以利用生动真实的沟通案例、直指人心的实战演练，有效引导学生坚持正确政治方向和价值取向，使医学生坚定为人民服务的信念和决心，坚持唱响主旋律打好主动仗，引导他们凝神聚力地开展临床工作。

三、教学策略示例

临床工作中经常会遇到一些文化程度较低的患者，在进行医患沟通时需要充分考虑其理解能力、经济状况、家庭背景等因素，注意在与其沟通时使用的专业术语，采取可及、可承担的治疗方案。

第一，案例示例。

请医生扮演者阅读案例脚本。

案例

给医生的提示：你是一位血管外科副教授，计划给管先生做颈动脉内膜剥脱术。拟进行术前谈话。

管先生，65岁，卡车司机，退休，小学文化，收入一般，是家庭的经济支柱，平素性格乐观、积极。本次术前谈话邀请患者及其家属参加。

请患者扮演者阅读案例脚本。

案例

对患者的提示：管先生，65岁，卡车司机，退休，小学文化。爱抽烟、喝酒，肥胖。患有高血压、高脂血症。平时没有不舒服。体检发现颈动脉重度狭窄。在血管外科住院，医生让做什么检查就做什么检查。你觉得没什么大事，想着住几天就出院了。今天医生让家属一起来医院谈话。想着“手术一做就可以回家了”。

第二，教师需引导学生做好医患沟通。

• 协助扮演医生的同学，设想患者的文化程度和诊治需求，思考沟通的要点。

• 协助扮演患者的同学，结合患者的背景，体会其内心感受、对疾病和手术的理解和期待。

• 在演练中，注意医生扮演者的态度、沟通方式、沟通进程、措辞等细节，适时呈现患者扮演者当时的感受和内心活动（正性的或负性的），并协助医生扮演者基于患者的反馈进行调整。

情景一：患者反馈，医生的言语难懂，自己并未理解，只是机械地表示同意。教师可以引导同学们思考：这样的沟通困难在哪里，如何理解这个患者，怎样做到有效沟通。

情景二：患者反馈，当医生说手术分5～6个步骤的时候，自己开始意识到手术会很复杂，想要跟医生多讨论这方面的内容。教师给予正性反馈，通过有意识提升沟通技能，可以在患者身上产生积极影响。让学生更加体会到医患沟通的价值和意义，感受到医患之间实实在在的情感流动。

第五章

临床医患沟通技能的教学与评估

第一节　临床医患沟通技能的教学

一、技能教学与思政教学有机结合

医患沟通过程具有很强的实操性，医患沟通学涉及大量沟通技能的传、帮、带。同时，医患沟通也具有社会属性，涉及思想政治、道德伦理、法律法规等一系列人文社科领域的问题。在实际的教学工作中，需要做到医患沟通技能教学与思政教学的有机结合。

（一）技能教学

1. 应帮助学生理解沟通技能教学的特殊性。医患沟通学具有知易行难的特点。理论知识往往容易理解，但在实际操作层面通常困难较多。可应用角色演练及临床情景剧等，其教学目的的核心在于促使学生进入特定角色，体会角色内心深刻的情绪变化，一方面切实做到想患者之所想，急患者之所急，另一方面又能真实理解医生在沟通过程中遇到的困难与问题，以避免空谈。

2. 帮助学生了解如何在尽可能接近真实的模拟情境中践行沟通的知识和技能。帮助学生模拟实际临床沟通的情境，通过脚本阅读和教师的指导，让学生进入相应的角色，体验角色感受，在此基础上使用沟通理论和技术，完成沟通任务。教师、学生的反馈则有助于学生确认自己已经掌握的技能，发现自身认知的误区和盲点。

（二）思政教学

办好学校思政课，事关中国特色社会主义事业后继有人，是培养一代又一代社会主义建设者和接班人的重要保障。在这个问题上，必须提高政治站位、深化思想认识，必须旗帜鲜明、毫不含糊，理直气壮开好思政课，把立德树人的根本任务真正落实到位。

医患沟通学蕴含着重要的思政要素，主要包括：生命至上、医者仁心、“以患者为中心”、医德医风、科学精神、人文关怀、伦理精神、团队精神、文化自信等。在本质上，这些要素与医患沟通密切相关，缺乏任何一个要素都会导致医患沟通失败乃至出现医患纠纷。任何一项的缺失都意味着无法成为一位真正合格的医务工作者。因此，在医患沟通技能的教学中，要始终贯彻这些思政要素，使学生从情感和沟通行为上真正落实“人民至上，以患者为中心”的理念，真正做到“心中有患者，手上有技能”。

二、教学技术：以戏剧技术为例

戏剧应用于临床沟通技能的教学基于如下假设：临床上医生和患者之间的交流过程与有经验的演员的演戏过程存在相似之处。演员在舞台上必须快速识别其他演员的语义、语音、语调、肢体动作及情绪状况，并做出恰当的反应。同样，在面对患者时，有经验的临床医生通过观察和倾听获得患者信息，进而获得共情线索，组织自己的语言和非语言信息作出有效反馈，这一过程的完成往往是一气呵成的。

以临床情景剧为例，教学过程及策略如下。

（一）前期策划

1．确定主题。根据临床沟通技能课程教学大纲确定主题，包括建立医患关系、采集完整病史、处理愤怒情绪、解释病情、协商治疗方案以及告知坏消息等。

2．形成脚本。学生根据主题和临床工作的实际，设计背景脚本。主题是沟通课所要求掌握的内容，内容是发生在临床工作中的医患沟通场景。脚本需要由授课老师审定，无论哪一个主题的脚本都力求做到积极健康、通俗易懂，人物心理矛盾冲突明显且合理，并能够结合所学的沟通学知识和方法。

（二）呈现过程

1．背景。参加临床情景剧的学生根据前期设计的脚本准备道具的摆放、灯光的变换调节、背景图片的设计及音乐的适时播放。

2．呈现。学生通过表演，将人物的性格特点、医患矛盾、医生和患者各自内心的心理冲突、临床现实与医疗体系及法律法规两难等问题，随着剧情展开。

3．探索。学生对自我在特定角色中的感受和行为进行探索与重新认知，并尝试达到理解与换位思考。在这一过程中，运用所学的临床沟通技能尝试解决当前的困局。

4．分享与点评。情景剧结束后的分享与点评可以对情景剧的教学效果起到强化作用。在这一环节中，表演者需要将表演中的感受与收获进行分享。教师则对表演者的表演给予反馈，应注意营造积极、支持的氛围，增强成员的安全感和归属感；同时，通过适当的引导，帮助表演者和观察者体察人物内心，掌握沟通的技能；最后，根据学生的情景剧表现进行评分。

（三）角色辅导

角色辅导可帮助学生进入角色情绪状态，了解演练任务。一个角色的辅导时间一般控制在5分钟以内。辅导时要求场内其他学生保持安静、专注。

1. 对医生的角色辅导。

- 演练者独立看剧本。
- 请演练者以第一人称简述自己所获得的信息，有遗漏的现场补充。
- 必要时帮助演练者回顾相应医学知识和沟通课程提到的要点。
- 交代学习任务

（1）在下面的演练中，你的任务是……

（2）你的反馈对学习很重要，尽量记住在完成任务时的经验和困难之处。

（3）告知：在演练中尽量鼓励练习沟通部分，在角色辅导中会要求患者不在医疗框架内为难医生，但是如果对方用医学问题难为你，说明你的沟通部分未做好，或让他不满意，你可以尝试扭转这种局面。

（4）如任务的推进有困难，回忆沟通任务，哪些环节没有做到。

帮助演练者进入角色状态：“X大夫，你马上要和患者见面了，你现在的心情如何？”确认医生的背景情感，如着急、担心、生气，进入这个情绪，需要时表现出来。

2. 对患者的角色辅导。

- 请演练者独立看脚本。
- 请演练者以第一人称简述脚本内容，告知演练者掌握多少算多少，等到该演练的时候，如果不想用一个字都可以不用。
- 根据脚本适当提出假设场景“如果医生这么说，你会是什么反应”，将角色具体化，准备更多素材。

• 脱离脚本："脚本只是一个参考框架，演练中你就是主角，依据自己的个性和当时的感受做出真实反应即可。有什么忘记或者不清楚的信息，可以现场自行发挥。"

• 交代学习任务

（1）你的反馈对学习很重要，尽量记住医生在完成任务时，让你感到满意和不满意之处。

（2）如果医生沟通部分都做到了，你就尽量配合。

（3）不在医疗框架为难医生，但是如果他/她的表现让你不满意，你可以用自己的方式表达。

3. 询问演练者的感受。"X先生/女士，你马上要和医生见面了，你现在的心情如何？"——确认演练者的内心情感，如着急、担心、生气，进入这个情绪，需要时表现出来。

第二节　临床医患沟通技能的评估

目前，针对临床医患沟通技能评价的研究较多，通常评价工作由不同的评价主体，采用多种评价方法，围绕学生在临床中所表现出的临床沟通技能展开。沟通技能的评价是一个复杂过程，涉及沟通者的感受、伦理、法律等诸多因素。目前，临床沟通技能评价中没有"金标准"，每个标准都有其优势和劣势。学生应全面理解评价沟通优劣的内涵，灵活使用评估结果，不断改进自身的沟通技能。

一、评价内容

临床沟通技能评价内容一般根据临床沟通技能的教学目标

确定，其中包括临床沟通理论知识、技能（交流技能、告知坏消息）和素养（同情、理解病人）。内容评价反馈多作用于后续教学培养和实施培训活动的改进。

二、评价方法

调查评价法。通过访谈学生、病人和医务人员，调查评价学生的临床沟通技能。目前，国外各研究者多采用自行设计的调查问卷，包括对医学生沟通技能满意度的评价和对医学生沟通意愿等认知领域和情感领域的自评。

观察评价法。评价者通过观察学生平时与病人接触时的表现来评价其沟通技能。该方法能真实地观察到学生在与病人接触时的行为和态度，但评价者的主观性对结果影响较大。

考试评价法。传统笔试是指利用试卷、图片、视听材料等考查学生对沟通认知领域的掌握情况。可使用图片材料测试学生临床非语言沟通技能：在测试中给出若干张图片，让学生从中找出关于情感状况的临床肢体语言信息，以此来评价学生对图片中的肢体语言表达出来的信息的掌握能力。也可使用视听录像材料，供学生自评或学生间互评。

标准化病人/临床客观结构考试标准化病人（standardized patient，SP）是通过SP评价学生临床沟通技能的一种考试方法。1992—1997年美国使用SP训练学生的医患沟通技能的学校由47%增加到80%，使用SP考核学生临床技能考核的院校占69.6%。临床客观结构考试（objective structured clinical examination，OSCE）要求考生参加多个站点的考试，考核学生采集病史、与困难病人（交谈有困难的病人）的交谈、告知坏消息等方面的能力。OSCE中使用SP避免了采用真正病人评价时的不公平、不客观问题，增强了实际操作性。SP/OSCE使用同一指标对每个学生进行评价，衡量标准一致，结果客观、准确。美国国外医学毕业生教育委员会在对国外医学毕业生资格认证考试中也使用SP/OSCE，多设10个站进行考试，其中评价医患沟通技能有2～3站。

评价量表。常用评价量表包括医患沟通技能评价量表（set the stage，elicit information，give information，understand the patient's perspective，and end the encounter，SEGUE）和阿姆斯特丹态度与沟通量表（amsterdam attitude and communication scale，AACS）。SEGUE是评价和指导医学生临床沟通技能的主要工具之一，它从沟通前准备、信息收集、信息给予、理解患者和问诊结束五个环节全面了解被调查者的沟通技能。AACS共有9个维度，旨在评估医学生的沟通技巧和专业态度，以确定其是否适合医疗行业。

此外，医学生临床沟通技能的评价方式还包括以下几种。

患者评价。请临床患者对医生的临床沟通技能进行评价。此评价的重点在于病人满意度的评价。通常采用问卷调查法。

专家评价。专家或教师作为评价者，通常采用考试评价法，对学生的临床沟通态度、技能、知识进行评价。此方法占用较多的教师时间，且存在主观性因素。

自我评价。自我评价常用于医学生临床沟通态度和沟通意愿主观情感领域方面的评价。自我评价使学生明确临床沟通技能评价的内容，同时可有针对性地发现自己的沟通优势与劣势，有助于学生沟通技能的提高。

沟通技能360度评价。360度评价也称全方位反馈评价或多源反馈评价。评价主体呈多元化，包括学生、教师、护士、其他医师和病人。

参 考 文 献

[1] 曹锦亚，魏镜. 对医学难以解释的躯体症状的现象学理解 [J]. 医学与哲学，2015，36 (11)：70-75.

[2] 曹锦亚，魏镜. 医学活动中的去人性化 [J]. 协和医学杂志，2015，6 (3)：216-220.

[3] 曹锦亚，魏镜，史丽丽，等. 面质技术在临床工作中的应用 [J]. 医学与哲学，2016，37 (3)：5-7.

[4] 曹锦亚，魏镜，KURT FRITZSCHE，等. 医学活动中患者的羞耻感及对其超越的可能性 [J]. 医学与哲学，2016，37 (5)：75-77.

[5] 曹锦亚，魏镜，史丽丽，等. 医学活动中的共情及困难——巴林特小组工作对促进共情的作用 [J]. 医学与哲学. 2015，36 (4)：4-7.

[6] 曹锦亚，史丽丽，赵晓晖，等. 职业化医患关系技术 (巴林特小组工作) 培训需求和推广方向的研究 [J]. 中华医学教育杂志，2014；34 (1)：119-122.

[7] 郭莉萍. 临床工作中的叙事伦理 [J]. 医学与哲学，2018，39 (5)：15-46.

[8] 季建林，叶尘宇. 行为决定健康：改变不良行为方式，提高生活质量 [J]. 中华行为医学与脑科学杂志，2020，29 (9)：769-773.

[9] 姜忆南，魏镜，曹锦亚，等. 临床情景剧在医患沟通培训及考核中的应用 [J]. 基础医学与临床，2017，37 (2)：277-280.

[10] 任馨，张伟. 以患者为中心优化服务模式 [J]. 中国医院院长，2016 (7)：78-79.

[11] 史丽丽，魏镜，姜忆南，等，规培住院医师与八年制医学生医患沟通能力的比较研究：以北京协和医学院为例 [J]. 中华医学教育探索杂志，2018，17 (2)：196-200.

[12] 史丽丽，赵晓晖，姜忆南，等. 医学生临床沟通技能课程设置及效果自评 [J]. 基础医学与临床，2012，(32)：1367-1370.

[13] 孙绍邦，BEVERLY A. DUGAN. 医患沟通概论 [M]. 北京：人民

卫生出版社，2006.
［14］孙学勤，彭华，陈政，等．构建患者安全管理体系的实践与思考［J］．中国医院管理，2016，36（12）：31-32.
［15］王锦帆，尹梅．医患沟通［M］．2版．北京：人民卫生出版社，2018.
［16］魏镜，史丽丽．协和实用临床沟通技能［M］．北京：中国协和医科大学出版社，2019.
［17］魏镜，史丽丽．综合医院精神卫生服务通用技能［M］．北京：中华医学电子音像出版社，2018.
［18］魏镜，唐宏宇．综合医院精神卫生基本技能［M］．北京：中华医学电子音像出版社，2014.
［19］魏镜，何燕玲．在线巴林特小组工作与学习中国专家共识［J］．协和医学杂志，2021，12（1）：33-37.
［20］魏镜．医生、他的患者及所患疾病［M］．2版．北京：人民卫生出版社．2012.
［21］吴静．医患沟通学［M］．北京：高等教育出版社，2022.
［22］习近平主持召开学校思想政治理论课教师座谈［EB/OL］．［2019-03-18］．http：//politics.gmw.cn/2019-03/18/content_32653484.htm.
［23］续岩，唐宏宇，王维民．医患沟通技巧课程的建设与评价［J］．中华医学教育杂志，2013，33（6）：837-839.
［24］殷大奎，BENJAMIN C．BLATT．医患沟通［M］．北京：人民卫生出版社，2006.
［25］袁钟，王德，郭海鹏，等．如何当一个好医生［J］．中国医学人文，2018，4（8）：29-32.
［26］袁钟，郑广赋．在不确定的医学环境中寻求医患良好合作关系［J］．中国医学人文，2019，5（12）：7-9.
［27］张伟．构建全生命周期的新时代中国特色健康服务模式［J］．中国循证医学杂志，2019，19（12）：1379-1387.
［28］张燕．从“同情”到”爱”——休谟的同情利他模型［J］．科学·经济·社会，2018，36（1）：8.

[29] 赵美娟．医者初心与职业理想［J］．中国医学人文，2018，4（8）：42-43．

[30] 中共中央宣传部，教育部．新时代学校思想政治理论课改革创新实施方案［R/OL］．［2020-12-22］．http//www.moe.gov.cn/srasiee/A26/jcj_kcjcgh/202012/t20201231-508361.htm?/ivk_sa：102470U．

[31] CAO JINYA，WEI JING．Evolution of the perception of the doctor's role in China［J］．Lancet．2014，384（9945）：742．

[32] HEIDE OTTEN．职业化关系：巴林特小组的理论与实践［M］．曹锦亚，魏镜，译．北京：中国协和医科大学出版社，2015．

[33] YINAN JIANG，LILI SHI，JINYA CAO，et al．Effectiveness of clinical scenario dramas to teach doctor-patient relationship and communication skill［J］．BMC Medical Education，2020，20（1）：473

[34] WEI JING，HEIDE OTTEN，LEONIE SULLIVAN，et al．ImProving the doctor-patient relationship in china：the role of balint groups［J］．Int'L．J．Psychiatry in Medicine，2013，46（4）：417-427．